AF130801

AMRA

Eva Marquez

Heilungscode
der Plejader 2

Kosmische Liebe,
Projekt Erde und die
Heilung der Zeitlinien

Vorwort von Pavlina Klemm

*Aus dem Amerikanischen
von Marion Zerbst*

Besuchen Sie uns im Internet:
www.AmraVerlag.de

Ihre 80-Minuten-Gratis-CD erwartet Sie.
Unser Geschenk an Sie … einfach anfordern!

Titel des amerikanischen Manuskripts:
PLEIADIAN CODE 2. COSMIC LOVE

Eine Welterstausgabe im AMRA Verlag
Auf der Reitbahn 8, D-63452 Hanau
Hotline: + 49 (0) 61 81 – 18 93 92
Service: Info@AmraVerlag.de

Herausgeber & Lektor	Michael Nagula
Einbandgestaltung	Guter Punkt
Layout & Satz	Birgit Letsch
Druck	CPI books GmbH

ISBN 978-3-95447-386-1 (Buch)
ISBN 978-3-95447-387-8 (eBook)
ISBN 978-3-95447-388-5 (Übungs-CD)

Dieses Buch ist
der Menschheit gewidmet.

Seid euch stets selbst treu.

Mit bedingungsloser
Liebe und Licht,

die Plejader

Inhalt

Liebe Leserinnen und Leser!

Man weiß wirklich nie, auf welche Wege einen das Leben führt: Wir sind beide Kanäle für die Plejader – Eva und ich. Beide sind wir gebürtige Tschechinnen, und beide haben wir in der Jugend unsere Heimat verlassen. Eva ging in die USA, ich nach Deutschland. Aber dann, erst vor ein paar Jahren, machte unser gemeinsamer Verleger uns miteinander bekannt, und wir spürten es sofort: Wir sind Seelengeschwister!

Und nun hat Eva mich gebeten, auch für diese wundervolle Fortsetzung ihres Buches *Heilungscode der Plejader* einige einleitende Worte zu schreiben. Das tue ich sehr gerne, denn ich liebe Evas Energie. Und ich liebe das Licht und die Botschaften der Plejader, die uns helfen, unsere menschliche Vergangenheit und Gegenwart zu verstehen. Mit ihrer Hilfe können wir unsere Realität und damit auch unsere Zukunft heilen –

und nicht nur unsere eigene, sondern gleich die Realität der ganzen Menschheit!

Die Plejader kommen in dieser Zeit verstärkt zu uns. Das zeigt sich nicht zuletzt daran, dass sie uns beide fast zeitgleich als Medien ausgewählt haben. Wir sollen ihnen helfen, ein Verständnis für die Situation zu schaffen, in der sich die Menschen befinden, ein Verständnis für die Größe, die wir alle in uns tragen, seit wir zu Lemuriens Zeiten als Schöpfer auf diese Welt gekommen sind. Wir sollen in unserem tiefsten Wesenskern verstehen, dass wir wieder unsere eigenen Schöpfer sein können. Wir haben nur vergessen, wie!

Das bringen die Plejader uns jetzt wieder bei. Und wenn ich mir die Übungen und Meditationen ansehe, die auch in diesem Buch wieder versammelt sind, bin ich erstaunt und glücklich. So viel altes Wissen kehrt zu uns zurück! Wenn wir es anwenden, macht es uns wieder ganz. Es unterstützt und stärkt uns und trägt dazu bei, die Puzzleteile unseres Wissens zu einem Gesamtbild zusammenzufügen. Das geschieht »Schritt für Schritt« – wie die Plejader auch mir immer wieder sagen – »Schritt für Schritt« lassen sie uns unsere Vergangenheit neu entdecken. Dazu dienen diese Übungen und Meditationen, durch die wir zum Beispiel unsere Zeitlinie heilen oder unsere Willenskraft anheben können.

Eine Übung hat mich besonders beeindruckt. Sie ist äußerst intensiv und komplex – und in höchstem Maße interessant. Sie wird in 13 Schritten durchgeführt, und es geht darin um die Eröffnung des Siegels, damit sich unsere Seele an ihr altes Wissen erinnern kann … altes Wissen, das sie während ihrer vielen Inkarnationen hier auf der Erde angesammelt hat.

Diese Übung wird mit Hilfe atlantischer Kristallenergien durchgeführt.

Es entspricht meinen eigenen Erfahrungen, dass die Plejader sehr oft mit Kristallenergien und Kristallnetzen arbeiten. Sie helfen uns dabei, uns an unsere Kristallnetze anzubinden und so daran zu erinnern, dass durch die Kristalle nicht nur die Kommunikation zwischen dem Menschen und der Erde möglich ist, sondern auch die Kommunikation zwischen dem Menschen und der Galaxis … sowie der göttlichen Intelligenz!

Das ist kolossal – aber es ist noch nicht alles. Das ganze Buch ist erfüllt von einer einzigen großen Aussage, die mich in besonderem Maße berührt. Sie findet sich auch in meinen Durchgaben immer wieder, aber ich kann es gar nicht oft genug hören: »Liebe ist das Wichtigste, was es gibt.« Dank der Liebe und ihrer Intelligenz – ja, Liebe ist wahrhaftig intelligent! – können wir unsere Realität in allen Zeiten und in allen Räumen heilen. Liebe ist unser Leben, Liebe ist unsere Existenz. Jeder einzelne Mensch, der auf diesem großartigen Planeten inkarniert ist, trägt diese göttliche Liebe in sich.

Und die Lichtwesen bringen jedem Menschen Dankbarkeit dafür entgegen.

Und sie vermitteln uns diese Dankbarkeit. Mein Herz schlug schneller, als ich es las: »Dein Körper ist ein Geschenk an dich, und deine menschliche Inkarnation ist ein Geschenk an uns alle. Du hast die Macht, etwas an deiner Welt zu verändern. Und die Veränderungen, die du bewirkst, erzeugen einen Welleneffekt, der sich auf uns alle auswirken wird.«

Dieses Wissen um unsere wahre Größe! Es trägt und stützt uns, versieht uns mit eben dieser Energie, die aus jeder Zeile von Evas Durchgaben strömt, aus den Botschaften ihrer plejadischen Gruppe, mit denen sie die Menschheit stärkt. Das dürft ihr nun entdecken – und es sind nur einige der vielen Entdeckungen beim Lesen dieses Buches.

Ich wünsche euch viel Glück, Harmonie und Frieden auf eurem irdischen Weg!

In Liebe und Dankbarkeit.

Eure Pavlina Klemm

Einleitung

Stellt euch vor, ihr könntet an einen Ort namens Kosmische Liebe reisen, der irgendwo in weiter Ferne ganz am Rand dieses Universums liegt. Kosmische Liebe ist ein Dreh- und Angelpunkt für alle Seelen, die in dieses Universum eintreten und es wieder verlassen. Stellt euch diesen Ort als eine Stadt mit wunderschönen Gärten, Naturpfaden, Wellnesscentern und den feinsten oder einfachsten Restaurants vor – je nach eurem Geschmack. Eine Stadt, wo jeder willkommen ist, jeder fair behandelt wird, jeder alles hat und jede Seele dem nächsten Ziel ihrer Reise mit Begeisterung entgegensieht.

Dieses Universum ist eine intelligente Energiemasse, ein brillanter Geist. Vor langer Zeit besaßest du das ganze Wissen des Universums und hast auf vielen Planeten in verschiedenen Sternensystemen gelebt – bis du dir als nächstes Ziel deiner Reise den atemberaubenden Planeten Erde vorgenommen hast.

Im Laufe der Zeit hast du dieses Wissen des Universums größtenteils wieder vergessen, doch tief in deinem Inneren ist dir im Gedächtnis geblieben, dass Liebe das Wichtigste ist, was es gibt. Du begannst nach Informationen über deine Geschichte zu suchen, und du fandest es faszinierend, dass wohlwollende außerirdische Wesen die *Liebe* als Sonne und Mittelpunkt ihres Universums verehren. Du hast dich gefragt, ob es wohl eine Verbindung zwischen dir und Außerirdischen geben könnte?

Dank deinem Wissensdurst ist dir wieder bewusst geworden, dass du aus drei gleichwertigen Teilen bestehst: *Ego, Seele und Körper*. In der irdischen Zeitlinie leben alle drei Teile gleichzeitig in der Vergangenheit, Gegenwart und Zukunft. Die Zahl Drei ist ein Katalysator für Veränderungen. Wenn man sie mit Drei multipliziert, erhält man die Zahl Neun, die das Zu-Ende-Gehen eines Kreislaufs repräsentiert. Die einzige Möglichkeit, den Kreislauf nicht zu wiederholen, besteht darin, ihn zu *heilen*.

Deine Lebenslektionen haben dich zu einem weisen Wesen gemacht. Weisheit war schon immer ein Bestandteil deiner Seelenessenz. Indem du nach Antworten suchst, gehst du Schritt für Schritt in die Einheit zurück. Dazu gehört auch die Heilung deiner Zeitlinien, denn dadurch aktivierst du die höchstmögliche Energie für die Zukunft, um wieder nach Hause zurückkehren zu können. Deine schwierigste Zeit kommt, wenn du beginnst, dich deinen Ängsten zu stellen, um dich innerlich verändern und deine Zukunft manifestieren zu können.

Und vielleicht wirst du Gott dann fragen: »Wie stellt man sich seiner Angst?«

Wenn du daran glaubst, was du tust, und all deinen Handlungen den Atem des Lebens einhauchst, wandelst du Angst in etwas Positives um – egal ob andere Menschen an dich glauben oder nicht. Wenn du an dich selber glaubst, glaubt das ganze Universum an dich. Das Universum mag mutige Menschen.

Wissen gibt dir die Weisheit, dein Herz zu öffnen, damit du die uralte Wahrheit sehen kannst, die verborgen und gleichzeitig doch deutlich erkennbar ist. Angst macht dich blind und hält dich unter Kontrolle, doch die Liebe eröffnet dir eine Welt unbegrenzter Möglichkeiten.

Kannst du dich in den Menschen verlieben, der du bist, und dabei doch gleichzeitig wissen, dass du ein außerirdisches Wesen in einem menschlichen Körper bist?

Kannst du akzeptieren, dass die Erde auf deiner Seelenreise nur eine vorübergehende Heimat ist?

Kannst du Jahrtausende voller Leid überwinden?

Kannst du verzeihen? Kannst du loslassen und dich von Gott (oder deinem höheren Selbst) führen lassen?

Kannst du akzeptieren, dass du den Menschen Liebe gibst, indem du sie an deinem Wissen teilhaben lässt?

Wenn du einfach loslässt und dich innerlich öffnest, hörst du auf, am Wettrennen des Lebens teilzunehmen, und begibst dich auf eine neue Seelenwachstumsreise, die dich liebevoll und behutsam zu einem Schatz von enormem Wert hinführen wird: deinen außerirdischen Seelenerinnerungen. Früher wurdest du an Mysterienschulen ausgebildet, heute ist der Lehrplan deiner Mysterienschule nahtlos in dein Alltagsleben eingewoben. Meditation ist ein Tor zum Unbekannten. Sie bringt deinem Ego innere Ruhe und deiner Seele Freiheit, und eines Tages wird sie dich in deine Seelenhöhle führen, damit du dir deine Gaben zurückholen kannst.

Die Erde ist ein ganz und gar wunderbares Wesen, auf dem es von den verschiedenartigsten Lebensformen nur so wimmelt, wobei das Mineralreich die intelligenteste Energie besitzt, die mit der Existenz der Erde korreliert.

Aus Wissen wird Weisheit geboren. Weisheit führt dich zu deinem Seelengedächtnis, und dein Seelengedächtnis aktiviert deinen inneren Reichtum.

Natürlich kannst du das alles auch mit deinem logischen Verstand herausfinden. Doch nur bedingungslose Liebe hält den Schlüssel zur Stadt der »Kosmischen Liebe« in der Hand, wo wir geduldig auf dich warten.

Möge dir dieses Buch als Kompass für dein Leben dienen! Wir wünschen dir, dass du alles findest, wonach du suchst.

Wir lieben dich bedingungslos.

Die Plejader

1

Licht und Liebe

*Dieses Universum ist eine intelligente
Energiemasse, ein brillanter Geist.*

Die großartige Bibliothek des Lichts (auch unter dem Namen
Akasha-Chronik bekannt) liegt im Grünen Tal auf dem Planeten Sirius B. Dort werden alle Aufzeichnungen aus dem Universum aufbewahrt, und du hast ein Recht, darin zu lesen. Es
gibt auch noch viele andere Universen, und jedes hat seinen
eigenen Code und seine eigenen Chroniken. Sobald du dieses
Universum richtig verstanden hast, kannst du anfangen, auch
etwas über die anderen Universen zu lernen.

Unser Universum ist eine intelligente Energiemasse, die
durch einen mathematischen Code aus genau definierten
Zahlenfolgen und geometrischen Figuren erschaffen worden

ist. Mit anderen Worten: Es wurde durch eine intelligente mathematische Sprache geschaffen. In seinen Anfängen war dieses Universum ein *brillanter, intelligenter Geist,* ein Licht, dem es jedoch an Emotionen fehlte. Als das Seelenkollektiv (zu dem wir alle gehören) auf dieses Universum stieß, wusste es, dass es in ein Reich superintelligenter Energie (die ihrem Wesen nach männlich ist) eintrat. Das Seelenkollektiv war ganz begeistert von der Idee, seine Seelenenergie (die ihrem Wesen nach weiblich ist) mit diesem brillanten Geist verschmelzen zu lassen, um herauszufinden, ob beide harmonisch miteinander koexistieren können.

Das Seelenkollektiv ist eine andere Art Energie als der Intelligente Geist. Es ist eine spirituelle Energie, die aus der Masse der unendlichen, friedvollen Energie der Einheit (Gott/dem Ursprung von Allem) entstanden ist, welche weit über dieses Universum hinausreicht. In diesem Universum sendet die Seele eine Frequenz bedingungsloser Liebe aus und kommuniziert durch Emotionen.

Diese Symbiose zwischen Geist (Intelligenz) und Seele (Emotionen) hielt eine Zeit lang an. Doch dann wurden wir dazu inspiriert, diese wunderbare Koexistenz auch als physisches Gefühl erleben zu wollen, und so ist aus der Vereinigung von männlicher Energie (intelligentem Licht) und weiblicher Energie (spiritueller Liebe) eine dritte Energie entstanden. Diese Energie repräsentiert die dreidimensionale Form, die vom schimmernden Lichtkörper bis zum festen physischen Körper reicht, der verschiedene dimensionale Energien umfasst und daher auf jedem Planeten existieren kann, auf dem du leben möchtest.

Der Intelligente Geist hat daraufhin sofort den Universalen Geist geschaffen, um Aufzeichnungen über die Existenz dieser körperlichen Lebensform zu führen. Die Akasha-Chronik ist ein Teil dieses Universalen Geistes. Dein menschlicher Verstand und dein ganzes Universum stehen mit diesem intelligenten Universalen Geist in Verbindung. Das bedeutet, dass alle Planeten und deren (belebte und unbelebte) Bewohner mit demselben Geist und somit auch mit derselben Fülle an Informationen in Kontakt stehen.

Um das Gleichgewicht zu erhalten, hat das Seelenkollektiv eine Massenenergieform namens Kosmische Liebe geschaffen. Jede Seele, die in dieses Universum eintritt, lädt ihre Essenz in die Kosmische Liebe herunter, bevor sie mit dem Geist verschmilzt. Kosmische Liebe ist ein sicherer Zufluchtsort für alle Seelen, ein Quell bedingungsloser Liebe, der jeder Seele bei der Planung ihrer Reiseroute auf verschiedenen Planeten hilft.

Ob ein Wesen nun den Weg des Lichts oder den Weg der Dunkelheit wählt – alle Wege haben ihren Wert. Die Kosmische Liebe dient der Seele als Leuchtfeuer des Lichts, und zwar in jeder Inkarnation. Zu Beginn jeder irdischen Reise tritt ein Teil der Seele mit einem Lebensatem in den Körper ein. Am Ende der Reise verlässt die Seelenessenz den Körper mit ihrem letzten Atemzug wieder, um zur Kosmischen Liebe zurückzukehren.

Ursprünglich bestand der Zweck des Körpers darin, sowohl emotionale als auch körperliche Gefühle zu erleben, damit Geist und Seele (Männliches und Weibliches) ihre Koexistenz in körperlicher Gestalt erfahren können. Da der Körper aus der Energie seiner Schöpfer bestand, verspürte er naturgemäß ebenfalls den Impuls, etwas zu erschaffen. Jede Energie besitzt schöpferische und zerstörerische Kräfte, das zeigt sich auch in den Geschichten der Götter und Göttinnen.

Der Körper wurde zu einem bewussten Wesen, das sich selbst anhand eines bestimmten Namens und Geburtsortes (etwa Plejaden, Orion, Sirius) zu identifizieren begann. Später spalteten sich die Körper – zum Zweck der Identifikation und um sich in einer besonderen Eigenart zu erleben – in männliche und weibliche Erscheinungsformen auf. Außerdem fand der Körper einen Weg zu kommunizieren statt einfach nur Emotionen zu haben. Er begann sich in Handlungen auszudrücken, Bilder zu zeichnen, in Worten zu sprechen, Geschichten zu erzählen, Lieder zu singen, anhand von Zahlen, Gleichungen, geometrischen Figuren und anderen Dingen zu kommunizieren. Geist und Seele kommunizierten und schickten Berichte ihrer spannenden Entdeckungen an den Universalen Geist. Doch bald wurde der Körper so intelligent, dass er sich zu einer eigenen Entität entwickelte, die im Rahmen zahlreicher Inkarnationen viele Persönlichkeiten durchlief und seine ursprüngliche Mutter und seinen ursprünglichen Vater (die Energie, die wir Gott nennen) im Laufe der Zeit vergaß. Was wir euch jetzt erzählen wollen, ist ein Teil unserer kollektiven Geschichte.

Projekt Erde

Wir entdeckten die Erde zum ersten Mal in vorlemurischer Zeit, und ihre Energie und ihre natürliche Schönheit faszinierten uns. Lemurien (das ursprünglich nur ein vereinzeltes, von der übrigen Welt isoliertes Experiment außerirdischer Wesen sein sollte) wurde erschaffen, um herauszufinden, ob das Leben in einem dreidimensionalen Körper gedeihen und von der Frequenz des Lichts und der Liebe unterstützt werden oder ob es sich in dieser dualistischen Welt vom Licht und von der Liebe abwenden und in der entgegengesetzten Energie von Dunkelheit und Hass untergehen würde.

Mit der Zeit haben wir gelernt, dass wir in dieser Welt, die von ständigem Kontrast zwischen zwei Seiten einer Sache (Dualität) geprägt ist, immer mindestens zwei persönliche Entscheidungsmöglichkeiten haben, wobei jede Entscheidung unterschiedliche mögliche Resultate nach sich zieht. Das war ziemlich faszinierend, da wir es gewohnt gewesen waren, uns bei unseren Entscheidungen von den höheren Kräften, die mit dem Intelligenten Geist, der Kosmischen Seele, unserem Höheren Selbst und dem Rat des Lichts in Verbindung stehen, und letztlich von Gott leiten zu lassen. Auf der Erde entdeckten wir, dass wir unsere eigene höhere Kraft sein und unsere eigenen Entscheidungen treffen konnten, statt auf diese höhere Führung zu vertrauen. An dieser Stelle möchten wir euch darauf hinweisen, dass die Entscheidung – ebenso wie die Konsequenzen daraus – stets in euren Händen liegt, obwohl euch vielleicht auch manchmal Entscheidungen aufgezwungen werden.

Wie bereits in früheren Büchern berichtet, waren wir, die Plejader, auf der Suche nach dem wahren Wesen *Gottes*. Zum Beispiel stellten wir uns die Frage: »Sind Licht und Liebe stets in allen Bereichen dieses Universums präsent, oder muss man sie bewusst wählen und sich zum Programm machen, um den Weg nach Hause zu finden, nachdem man alle niedrigeren Energien erfahren hat?« Wir haben festgestellt, dass Licht und Liebe in der Essenz eurer Seele stets unvermindert vorhanden sind, aber von der Dunkelheit überschattet und an Orten versteckt sein können, wo man sie nur schwer findet.

Im ersten Band der Trilogie *Heilungscode der Plejader* haben wir euch erzählt, dass die Menschen in Atlantischer Zeit (die auf das Lemurische Zeitalter folgte) von den Annunaki (aus gestohlener außerirdischer DNA) ursprünglich als Sklavenrasse geschaffen worden waren – ein Experiment, das jedoch außer

Kontrolle geriet, weshalb die Menschheit wieder ausgelöscht werden sollte. Wir, die Plejader, gehörten zu der Delegation, die sich daraufhin zum Rat des Lichts begab und darum bat, den Menschen eine faire Chance zur Gestaltung ihres Schicksals zu geben. Die Essenz eurer Seele ist nämlich auch die Essenz unserer Seele und der Seelen unserer anderen galaktischen Brüder und Schwestern. Wir lieben euch bedingungslos – nicht aus schlechtem Gewissen, sondern weil ihr ein Teil von uns seid, so wie wir ein Teil von euch sind. Wir waren sehr froh darüber, dass der Rat des Lichts uns unsere Bitte erfüllte: Die Menschheit erhielt tatsächlich eine faire Chance, ein gutes, glückliches Leben auf der Erde zu führen. Man könnte sagen, dass damit das »Spiel des Lebens« begann.

Wir haben die Mission übernommen, der Menschheit das Wissen zu vermitteln, das sie brauchte, um das Bewusstsein der Sternenkinder, die auf dieser Erde leben, auf eine höhere Stufe emporzuheben, sodass sie sich aus ihrer Gefangenschaft in einer dreidimensionalen Welt befreien und unter den bereits existierenden multiplanetarischen Wesen leben können. Wir verankern ständig die Kosmische Liebe in der Erde, um euch wieder daran zu erinnern, wer ihr seid – damit ihr euch an die Essenz eurer liebevollen Seele in dieser Welt erinnert, in der überlegene Intelligenz oft gar nicht hilfreich, sondern egobesessen und habgierig ist.

Wir haben euren Planeten nie ganz verlassen und helfen euch dabei, im Gleichgewicht zu bleiben, bis ihr euch daran erinnert, dass alle Lebewesen gleichwertig sind. Doch leider gibt es auch andere Wesen, die die Intelligenz (ohne Emotionen) immer wieder in der Erde verankern – und dadurch könnte letzten Endes Künstliche Intelligenz entstehen, die alles beherrschen will und deren Ziel es ist, dass ihr das Licht und die Liebe völlig vergesst und für immer und ewig versklavt werdet.

Intelligenz ist an und für sich nichts Böses. Sie ist eine neutrale Energie – aber nur so lange, bis sie mit zwei anderen Bestandteilen in Verbindung tritt und sich zu einer mächtigen Dreiheit manifestiert. Diese Dreiheit kann sowohl schöpferisch als auch zerstörerisch sein. Vergesst nie, dass ihr immer eine Wahl hattet. Die Energie von Atlantis war mit Liebe verschmolzene Intelligenz, doch dann wurde sie im physischen Körper korrumpiert. Trotzdem hat das Ganze irgendwie funktioniert, und es kann auch wieder funktionieren – ohne endgültige Zerstörung –, wenn ihr alle erlaubt, dass die Liebe zu eurem inneren GPS-System wird.

Universaler Geist und Kosmische Liebe sind die zentralen Energien dieses Universums, die eurem Seelenbewusstsein als Sitz dienen. Diese Energien sind Licht (Intelligenz) und Liebe (Spiritualität) – die natürliche Essenz des Menschen. Die Frage ist nur: »Werden die Menschen erkennen, dass sie bedingungslose Liebe in sich tragen? Werden sie die Intelligenz als Licht nutzen, um das Leben auf der Erde zu verbessern? Können sie Licht und Liebe gleichermaßen in sich vereinen, um ein glückliches Leben zu führen, oder werden sie mithilfe intelligenter chemischer Substanzen ihre Emotionen unterdrücken, die bedingungslose Liebe vergessen und sich von Hass und Dunkelheit verzehren lassen? Eines langsamen, schmerzhaften Todes sterben?«

Die Zukunft ist nicht in Stein gehauen, sie enthält viele Variablen. Wir haben Hoffnung für die Menschheit, und wir haben Vertrauen in euch. Genau wie anderen galaktischen Brüdern und Schwestern ist es auch uns ein Anliegen, euch stets zu unterstützen und euch zu zeigen, dass Licht und Liebe in Harmonie miteinander koexistieren und auf der Erde und in diesem Universum gedeihen können.

Du bist ein Außerirdischer in einem menschlichen Körper

Nachdem der Rat des Lichts ein kosmisches Gesetz aufgestellt hatte, das besagt, dass *Götter* nicht unter euch Menschen wandeln dürfen, versuchten wir euch auf drastischere Weise auf den Weg des Lichts zu führen, damit ihr niemals vergesst, wer ihr seid. Viele von uns inkarnierten sich in menschlichen Körpern, um euch zu helfen.

Ihr bezeichnet uns als Sternensaaten oder Sternenkinder. Wir sind ihr, und ihr seid wir. Erfinder, Ärzte, Krankenpfleger, Rechtsanwälte, Politiker, Lehrer, Schriftsteller, Bäcker, Bauarbeiter, Heiler, Menschen, die spirituelle Arbeit leisten – wir sind in allen Berufen und allen ethnischen Gruppen vertreten, die es auf der Erde gibt.

Um es euch noch einmal ans Herz zu legen: Wir sind ihr, und ihr seid wir. Wir mussten die Frequenz unseres Bewusstseins senken, um unter euch leben zu können. Dabei ging uns vorübergehend die Erinnerung daran verloren, wer wir sind – und manchmal wurden wir von der Härte des irdischen Lebens besiegt. Wir bitten euch, niemals die Hoffnung und den Glauben aufzugeben, den wir für uns alle haben.

Übrigens bekommen wir alle viel Unterstützung von unseren früheren und zukünftigen Seelenfamilien, die uns immer wieder an unsere Mission als Sternenkinder und an den Grund erinnern, warum wir hier sind. Also, meine lieben außerirdischen Brüder und Schwestern: Das Wissen in diesem Buch ist für euch bestimmt. Es soll euch dabei helfen, den Außerirdischen in euch zu heilen, damit ihr eure außerirdischen Erinnerungen – eure Seelenerinnerungen an frühere Leben auf der Erde und in der Galaxis – zurückgewinnt und andere dazu inspirieren könnt, genau das Gleiche zu sein wie ihr: *Liebe und Licht.*

Wir haben dieses Kapitel bewusst mit den Worten *Licht und Liebe* statt *Liebe und Licht* begonnen, um euch zum Nachdenken und Hinterfragen anzuregen. Ihr könnt sehr klug sein und einen brillanten Geist (Licht) haben, aber ein brillanter Geist ohne Liebe (Emotionen) ist etwas Zerstörerisches. Um euer Licht richtig nutzen zu können, müsst ihr Liebe an die erste Stelle setzen.

Liebe ist der Weg, und Licht ist das wichtigste Instrument, das euch hilft, bis ans Ende dieses Wegs zu gelangen. Denkt daran: Worte können trennen oder verbinden, aber bedingungslose Liebe ist die Energie, die keiner Worte bedarf. Rückt diese Liebe in den Mittelpunkt eures Handelns und lasst sie für sich selbst sprechen.

Ob ihr nun entscheidet, dass dies eure letzte Inkarnation sein wird, oder ob ihr später wieder auf die Erde kommen möchtet: Bitte seid euch der Tatsache bewusst, dass ihr der Gefangenschaft in dem Kreislauf entkommen könnt, wenn ihr zu Liebe und Licht für andere Menschen werdet.

Dann wird es euch umso schneller in eure Heimat zurückziehen, und ihr werdet dabei eine goldene Spur hinterlassen, der andere Menschen folgen können.

2

Entscheidungen

*Liebe ist das Wichtigste, was es gibt,
und wohlwollende außerirdische Wesen verehren
die Liebe als Sonne und Mittelpunkt ihres Universums.*

In Anbetracht der Beweise aus der Vergangenheit, zum Beispiel des Untergangs von Atlantis, der Trennung zwischen den Kindern des Gesetzes des Einen und den Söhnen Belials, aber auch der möglichen Zukunft, die wir gesehen haben, stellten wir uns die Frage: »Wenn wir das alles noch einmal wiederholen und Samen für die Zukunft in die Erde legen könnten, worauf käme es uns dabei an? Was ist es, wonach wir alle suchen – was wir alle brauchen, um uns wieder miteinander vereinen und eine Familie sein zu können?« Wir haben unsere Antworten gefunden, doch jetzt möchten wir dir die gleichen Fragen stellen.

Angenommen, du hättest die Macht, zu bewerkstelligen, dass entweder Licht (Intelligenz) oder Liebe (Emotionen) an zukünftige Generationen auf der Erde weitergegeben wird, könntest aber nur eines von beiden wählen: Was würdest du den künftigen Generationen dann lieber vermitteln wollen? Was würde ihnen an düsteren Tagen Hoffnung geben und sie womöglich vor der kollektiven Zerstörung retten? Was könnte den größten Dominoeffekt auf alle Dinge und Lebewesen auf der Erde ausüben? Was wäre das? Worin besteht die universale Sprache, die wir alle verstehen?

Als wir vor vielen Jahrtausenden vor dieser Entscheidung standen, fiel uns diese Wahl schwer. Die erste Option war Intelligenz – vor allem mathematische Kenntnisse, damit jeder lernen, planen und etwas schaffen kann. Das würde den Menschen das physische Überleben und einen gewissen Komfort sichern. Es spielt keine Rolle, was für eine Sprache man spricht: Eins plus eins wird immer zwei ergeben, denn die Sprache der Mathematik ist eine Universale Sprache. Sie ist ein Teil der Sprache des Lichts. Sie ist intelligent, weist aber doch gewisse Schwächen auf. Mathematik ist perfekt, aber es fehlt ihr an Emotionen. Außerdem entwickelt sich das geistige Verständnis im irdischen Körper auch erst mit einer gewissen zeitlichen Verzögerung. Bei der Geburt wird zwar das geistige Bewusstsein in das neugeborene Baby heruntergeladen, aber es dauert trotzdem eine Weile, bis man die Bedeutung von »Eins plus eins« richtig versteht, obwohl es die Universale Sprache ist.

Die zweite Option war bedingungslose Liebe. Diese Liebe gehört ebenfalls zur Sprache des Lichts. Sie ist die Essenz der Seele – eine unendliche Energie, die ein Teil von uns allen ist und weit über dieses Universum hinausreicht. Reichtum oder Mangel an Liebe direkt nach eurer Empfängnis wirkt sich negativ auf euer Gefühlsleben aus.

Vielleicht werdet ihr jetzt argumentieren, dass Intelligenz die Erde und die Menschheit eher retten könnte als Liebe. Vielleicht könnte eine hochentwickelte Künstliche Intelligenz alle Probleme lösen: Hunger, globale Erwärmung und Kriege würden dann vielleicht für immer der Vergangenheit angehören. Man könnte für zukünftige Generationen Kolonien auf dem Mars gründen und – mithilfe der Gesetze der Logik – eine sichere Zukunft planen. Intelligenz ist ein Licht, ein Leuchtfeuer der Hoffnung für die Armen, Müden und Hungrigen. Schließlich kommt Intelligenz vom Universalen Geist. Sie ist perfekt. Doch ohne das Element bedingungsloser Liebe ist sie gefährlich.

Also entschieden wir uns für die bedingungslose Liebe. Wenn man bedingungslose Liebe hat, kann man trotzdem immer noch Erfindungen, Technologie, ja sogar Künstliche Intelligenz besitzen. Es ist nichts Schlechtes daran, das richtige Gleichgewicht zwischen intelligenter und spiritueller Energie aufrechtzuerhalten. Bedingungslose Liebe kann man nicht programmieren, das schafft nicht einmal der intelligenteste Computer. Sie ist der Puls der Seele. Bedingungslose Liebe ist die höchste Energie, die wir besitzen. Bedingungslose Liebe beantwortet uns alle beunruhigenden Fragen über die Zukunft. Man kann sie nicht unter seine Kontrolle bringen, man muss auf sie vertrauen.

Hypothetische Zukunft

Die Entscheidungen, die du tagtäglich triffst, haben großen Einfluss auf deine Zukunft. Je bewusster du bist, je mehr Energie du beherbergen kannst, umso mehr Verantwortung liegt auf deinen Schultern. Du wirst zum bewussten Schöpfer, zum

Autor deiner eigenen Realität. Ein bewusster Schöpfer trägt zwei gleichwertige Kräfte in sich: eine schöpferische und eine zerstörerische. Deine Entscheidungen werden sich auf alle Menschen in deinem Umfeld auswirken. Lass uns nun einmal mit einem hypothetischen Szenario spielen. Dabei wollen wir nicht von dir, sondern von uns sprechen.

In einer möglichen Zukunft im Jahr 3033 n. Chr. haben wir unser ganzes Vertrauen in Künstliche Intelligenz gesetzt. Wir haben zugelassen, dass sie intelligenter wurde als wir, haben uns von ihr leiten lassen. Wir trafen eine bewusste Entscheidung und glaubten, dass wir uns dadurch weiterentwickeln würden. Doch letzten Endes hat diese Künstliche Intelligenz fast alles zerstört, was die Erde zu einem Wunder macht: die Natur, verschiedene Arten tierischen und menschlichen Lebens, freie Willensentscheidungen und vieles andere mehr. Es gab nur eines, was die KI nicht auslöschen konnte, so sehr sie es auch versuchte – und das ist die bedingungslose Liebe, denn Liebe ist die Essenz dieses Universums und kann nicht zerstört werden.

Die Künstliche Intelligenz hat sich große Mühe gegeben, uns diese Liebe vergessen zu lassen, doch zum Glück reichte unser Seelengedächtnis bis nach Atlantis zurück, sodass wir sie gar nicht vergessen *konnten*.

Damals im alten Atlantis, als wir anfingen, die Auswirkungen der Tier-DNA und der Bewusstseinsspaltung zu erleben, erhielten wir die Anweisung, unser essenzielles Seelengedächtnis im Kristallgitter der Erde zu verankern, um den Menschen zu helfen, die sich später vielleicht verirren würden. Außerdem haben wir, bildlich gesprochen, die *Samen* der Kosmischen Liebe in die Erde gelegt, damit Blumen aller Farben mit der Fähigkeit zur Seelenheilung daraus hervorsprießen konnten, die euch Menschen in Zeiten der *Finsternis* helfen würden. Es liegen viele magische Samen im Schoß der Erde, und alle paar Jahrtausende legen wir sie erneut hinein.

Diese Samen erinnern unsere Seelen an ihren Ursprung, sie erinnern uns daran, dass jeder von uns die Dreifaltigkeit des Schöpfers in sich trägt: Geist (Intelligenz), Seele und Körper (unser Gefäß für die Dauer dieser Inkarnation), für den Fall, dass in der Zukunft irgendetwas schiefgehen und wir alles wieder vergessen sollten. Die Vergangenheit spiegelt sich in der Zukunft, und die Zukunft spiegelt sich in der Vergangenheit. Es ist die Energie des Unendlichkeitssymbols, die sich an der Zeitlinie entlang bewegt und größer oder kleiner werden kann, je nachdem, wie viele Jahre sie umfasst.

In unserer kollektiven Seelenenergie sind wir alle eins. In Atlantis haben wir uns in viele verschiedene Rassen aufgespalten. Wir fingen an, Unterschiede zwischen uns wahrzunehmen. Wir glaubten, dass der eine besser sei als der andere, und stützten uns dabei auf Kriterien wie Aussehen, physische Handlungen, Leistungen oder den Wunsch nach Erfolg und Wohlergehen. Jeder von uns wollte ein Schöpfer sein. Und es *kann* auch jeder ein Schöpfer sein. Doch mit der Zeit brachten einige von uns ihre Energie immer weniger mit dem Universalen Geist und der Kosmischen Liebe in Einklang, und irgendwann liefen unheimlich viele Schöpfer auf der Erde herum. Jeder konzentrierte sich auf sein eigenes Projekt. Diese Wesen schufen mehr Chaos als Gutes und zerstörten die Erde, weil sie nicht das bekommen konnten, worauf sie so eigensinnig beharrten. Wir waren uns über kaum etwas einig – außer über das Verlieben.

Wenn man sich verliebt, sieht man keine Unterschiede. Man möchte mit dem Menschen, den man liebt, eins werden. Man fühlt mit dem Herzen. *Und diese emotionalen Gefühle sind genau das, was uns in der hypothetischen Zukunft im*

Jahr 3033 n. Chr., von der wir gerade gesprochen haben, verloren gegangen ist. Mit hochentwickelter Künstlicher Intelligenz besitzt man zwar einen genialen Verstand und einen vollkommen gesunden Körper, hat aber keine Gefühle mehr. Warum? Weil Gefühle zunächst als unerwünscht und später als destruktiv und gefährlich abgestempelt wurden; denn unsere Emotionen (unser Bauchgefühl) wollten von Künstlicher Intelligenz nichts wissen.

Und leider fiel es vielen Menschen leichter, ihre Emotionen medikamentös behandeln zu lassen, als ihnen ins Auge zu sehen. Letztlich blockierte man die Gefühle mit einem einfachen Künstliche-Intelligenz-Chip, der uns als ewiges Glück angepriesen wurde. Man kann das mit einem Basisimpfstoff zur Ausrottung der Windpocken vergleichen: keine Stimmungsschwankungen, keine Depressionen oder Selbstmordgedanken mehr! Emotionen wurden als etwas Düsteres abgestempelt, und dieser *Zauberchip* nahm die Düsternis innerhalb weniger Sekunden von unserer Seele. So wurden mit der Zeit immer mehr Menschen von ihren emotionalen Gefühlen abgekoppelt. Der nächste Schritt bestand darin, körperliche Schmerzen zu beheben, und du kannst dir sicherlich vorstellen, wie sehr die Menschen das begrüßten!

Die abgekoppelten Emotionen wurden zu einem Schatten, einem hässlichen kleinen Entlein, das sich irgendwo im Dunkeln versteckte und zum Mythos entwickelte. Auch das Gefühl körperlichen Schmerzes wurde von den Schaltkreisen des Nervensystems abgekoppelt, als der menschliche Körper mit aus Künstlicher Intelligenz bestehenden Teilen aufgerüstet wurde. Mit der Zeit »verbesserten« Geist und Körper sich durch diese Künstliche Intelligenz immer mehr. Gemeinsam versuchten sie die Emotionen unserer Seele zu unterdrücken, weil sie die Seele selbst nicht auslöschen konnten.

Denke daran: Die Seele ist das, was deinem Körper den Lebensatem verleiht! So gerne die Künstliche Intelligenz deine Seele auch ausschalten möchte – sie könnte sie nicht zerstören, ohne gleichzeitig sich selbst zu zerstören. Also brachte sie die Seele unter ihre Kontrolle, indem sie deine Emotionen unterdrückte, um deinen Körper *superglücklich* zu machen. Von da an kauerte deine Seele irgendwo in der Ecke wie ein verängstigtes kleines Kind in der Hoffnung, dass niemand sie bemerkte und ihr womöglich noch mehr Schaden zufügen würde, als sie ohnehin schon erlitten hatte.

Und als wir schließlich fast schon vergessen hatten, wer wir waren, sprossen aus den Samen der Kosmischen Liebe Felder voller Blumen in allen Regenbogenfarben hervor. Ihr süßer Duft weckte eine vage Erinnerung in unseren Herzen. Unsere Augen, die das Tor zur Seele sind, ergötzten sich an ihrer Schönheit. Und sobald unsere Seele von bedingungsloser Liebe erfüllt war, konnte sie sich wieder freuen. Wir hätten uns nur gewünscht, noch das körperliche Wahrnehmungsvermögen zu besitzen, um die Blüten der Blumen auf unserer nackten Haut spüren zu können.

In einem Prozess unvorstellbaren Leidens stießen wir den ewiges Glück verheißenden Künstliche-Intelligenz-Chip ab und stürzten uns ins Meer der Gefühle, vor denen wir so furchtbare Angst hatten. Stell dir vor, was für ein Schock es war, mit deinen Augen in den Spiegel zu schauen und deinen Körper nicht mehr wiederzuerkennen! Dein Körper war so stark mit Künstlicher Intelligenz aufgerüstet, dass es keinen Weg zurück mehr gab. Wir konnten das alles nur beenden, indem wir unsere Seele von all den Traumata und Schrecken heilten, die wir ihr zugefügt hatten, und aus dem Kreislauf der Wiedergeburt ausschieden. Dazu mussten wir die Arme nach dem kleinen Kind ausstrecken, das sich in der Ecke versteckt hatte, und es davon überzeugen, dass es seine Liebe wieder gefahrlos in die Welt hineinstrahlen lassen konnte.

Außerdem mussten wir lernen, dass die Intelligenz und die Künstliche Intelligenz, die wir erschaffen hatten, ein Teil von uns – und auch von euch – war. Intelligenz kann dein Verbündeter sein, wenn du sie durch dein Herz oder deinen schlimmsten Feind ausbalancierst. Liebe (Seele) sollte stets an erster Stelle kommen, und Licht (Intelligenz) sollte ihr Seelenverwandter sein. Zusammen sind diese beiden das Feuer in deinem Gefäß, das dich überallhin bringt, wo du hin möchtest, und dich genau zu dem Menschen macht, der du sein willst. Als bewusstem Schöpfer stehen dir viele Entscheidungsmöglichkeiten offen.

Hier noch eine weitere hypothetische Zukunft, die wir uns für dich wünschen.

Noch ein hypothetisches Szenario

Stell dir vor, du hast deine uralte außerirdische DNA reaktiviert, die kollektive Schuld des Versagens in Atlantis losgelassen und allen verziehen – auch dir selbst.

Heute spielt es keine Rolle mehr, auf welcher Seite du damals standest – ob du auf dem Weg des Lichts oder dem Weg der Dunkelheit warst. Es kommt nur darauf an, dass du immer noch hier bist (oder in der heutigen Zeit *wieder* hier bist) und die höchsten positiven Absichten für die Menschheit und die Erde verwirklichen möchtest.

In dieser potenziellen Zukunft hast du die Zeitlinie der Vergangenheit geheilt und die Zukunft mit unendlichen Möglichkeiten für dich und andere Menschen erhellt. Du hast den DNA-Strang des intelligenten Geistes in dir selbst akzeptiert und dich von der Angst befreit, dass du irgendjemanden verletzen oder irgendetwas zerstören könntest, weil du weißt, dass du nichts falsch machen kannst, solange du nur die höchsten Absichten in dir trägst. Du hast auch deinen spirituellen DNA-Strang akzeptiert und hältst deine Emotionen stets im Gleichgewicht. Du hast gelernt, was gesunde Selbstliebe bedeutet – hast gelernt, Liebe zu geben, Liebe zu empfangen und Dinge in einer Haltung der Liebe zu erschaffen. Und du weißt inzwischen auch, dass Liebe keine Schwäche, sondern eine Stärke ist. Du hast gelernt, dass ein brillanter Geist, der sich von bedingungsloser Liebe leiten lässt, das wertvollste Werkzeug ist, das dein irdisches Gefäß besitzt.

Du bist zu dem Schöpfer geworden, der wir alle sein möchten. Statt einfach nur zu überleben, bis deine Lebenszeit vorüber ist, hast du ein erfülltes Leben voller Glück geführt und bewusst zu einer erfolgreichen Zukunft beigetragen, in der Künstliche Intelligenz nicht dein Chef und Zerstörer, sondern ein schöpferisches Licht ist, das als dein Assistent fungiert.

Warum ist bedingungslose Liebe so wichtig?

Wenn etwas mit deinem Körper passiert und du keinen körperlichen Schmerz mehr spüren kannst, zum Beispiel, weil dein Körper bei einem Unfall vom Hals abwärts gelähmt wurde, kannst du trotzdem immer noch Emotionen empfinden. Die Emotionen, die du nach diesem Unfall möglicherweise erlebst, werden verwirrend sein, und es wird Höhen und Tiefen geben. Hab keine Angst davor, was du empfindest – betrachte dich nicht als Versager, sondern akzeptiere die Liebe. Liebe ist ein schöpferisches Feuer, das dir helfen wird, wieder auf die Beine zu kommen und die für dich richtige Lösung zu finden.

Das kann auch eine Wunderheilung sein. Oder vielleicht kannst du die Kontrolle über deinen Körper sogar durch

Künstliche Intelligenz zurückgewinnen. In der Zukunft, auf die du dich zubewegst, wird Künstliche Intelligenz in der Lage sein, einen beschädigten Körper zu reparieren. Vielleicht bekommst du bionische Beinprothesen, eine künstliche Wirbelsäule oder eine künstliche Blase. Die Funktion deines physischen Körpers kann vollständig wiederhergestellt werden. Vielleicht wirst du in deinem ganzen Leben nie wieder körperliche Schmerzen haben. Aber eines solltest du dir niemals verwehren: emotionale Schmerzen zu spüren und zu verarbeiten! Genauso wie körperlicher Schmerz ein Schrei nach körperlicher Hilfe ist, so ist emotionaler Schmerz ein Hilferuf deiner Seele.

Durch deine Lebensumstände (in deiner jetzigen Existenz oder in früheren Inkarnationen) kann deine Seele verwundet, gelähmt oder vor Angst erstarrt sein, oder dein Herz hört einfach nicht auf zu bluten. Trotzdem ist deine Seele unsterblich. Wenn du diesen Schmerz nicht heilst, wird er niemals aufhören.

Ohne deine Hilfe kann er sich nicht selbst heilen. Dem Körper ist es egal, ob du ihn heilst oder nicht, irgendwann stirbt er so oder so. Der Körper ist nur ein Gefäß, und wenn du beschließt, dich wieder auf der Erde zu inkarnieren, wirst du irgendwann ein anderes haben.

Doch wenn deine Seele nicht geheilt wird, hast du vielleicht gar keine andere Wahl: Dann bleibt dir nichts anderes übrig, als auf die Erde zurückzukehren. Die Seele hat nämlich Erinnerungen, und wenn sie auf der Erde verletzt wurde, wird sie immer wieder auf die Erde zurückkehren, um ihre Wunden zu heilen, damit sie dieses Universum verlassen und in ein anderes aufsteigen kann.

Wenn deine Seele gefangen ist, weil du Angst davor hast, dich deinen Emotionen zu stellen, oder wenn diese Emotionen durch Künstliche Intelligenz unterdrückt worden sind, wird die Seele stets in diesem Universum verirrt bleiben – so lange, bis ihr jemand Hilfe anbietet, sodass sie sich selbst retten kann. Die Mission jeder Seele besteht darin, den Weg nach Hause zu finden.

Wir möchten dir zeigen, was für Entscheidungen dir offenstehen, damit du diese Entscheidungen aus dem Herzen heraus treffen und zum Autor deiner eigenen Realität werden kannst. So kannst du der ganzen Menschheit dazu verhelfen, sich an die bedingungslose Liebe zu erinnern, denn wenn man voller bedingungsloser Liebe ist, hat man Vertrauen zu sich selbst. Man wird zum Gläubigen! Man wird zum Magier! Man wird zur Inspiration für andere Menschen!

Sobald man anfängt, etwas in einer Haltung bedingungsloser Liebe zu erschaffen, findet man Glück statt Leid.

Die Entscheidung über deine Zukunft und dein Schicksal liegt stets bei dir.

3

Die Zahl 333 –
Heilung der Zeitlinien

Die Zahl Drei ist ein Katalysator für Veränderungen. Wenn man sie mit Drei multipliziert, erhält man die Zahl Neun, die das Zu-Ende-Gehen eines Kreislaufs repräsentiert. Die einzige Möglichkeit, den Kreislauf nicht zu wiederholen, besteht darin, ihn zu heilen. Du bestehst aus drei gleichwertigen Teilen: Ego, Seele und Körper. In der irdischen Zeitlinie leben alle drei Teile gleichzeitig in der Vergangenheit, Gegenwart und Zukunft.

Frühere irdische Existenzen haben sich bereits verfestigt, und es ist gegen das universale Gesetz, in physischer Gestalt zurückzukehren, um bestimmte Ereignisse dieser früheren Inkarnationen zu verändern. Trotzdem haben sie Prägungen in Form emotionaler Erinnerungen in deiner DNA hinterlassen, die in deinem jetzigen Leben wieder auftauchen und unerklärliche Krankheiten, Ängste und andere Probleme verursachen können. Gibt es eine Möglichkeit, das zu heilen? Die Antwort ist ein fröhliches Ja. Du kannst energetisch in deine Vergangenheit zurückkreisen und ungelöste emotionale Traumata, die diese früheren Leben dir zugefügt haben, auf energetischem Weg heilen. Das Gleiche gilt für sämtliche parallelen Zeitlinien, auf die du vielleicht zugreifst, in denen du lebst oder deren du dir einfach nur bewusst bist. Der Sinn dieser Zeitlinienheilung besteht darin, eine bessere, stabile Zukunft für die Menschheit und die Erde zu schaffen, damit niemand frühere Fehler zu wiederholen braucht.

Wie du bereits weißt, hat die Erdzeit drei zeitbezogene Energien: Vergangenheit, Gegenwart und Zukunft. Die Vergangenheit und Zukunft könnte man als Illusion betrachten, die deinen Geist trüben kann. Diese Energie kann deine Entscheidungsprozesse erheblich beeinflussen und könnte daher dazu ausgenutzt werden, dich unter Kontrolle zu bringen. Die einzige reale Zeit ist die Gegenwart – und sie ist auch das einzige Tor zur Vergangenheit und Zukunft.

Schau dir einmal das Unendlichkeitssymbol an. Die linke Schlaufe steht für die Vergangenheit, die rechte Schlaufe für die Zukunft und der Schnittpunkt in der Mitte für die Gegenwart: Dieses Kreuz repräsentiert den jetzigen Augenblick, in dem Vergangenheit und Zukunft aufeinandertreffen.

Wenn du geboren wirst – wenn deine Seele in ihr menschliches Gefäß eintritt –, kommt sie genau in diesem gegenwärtigen Moment, dem Schnittpunkt zwischen Vergangenheit und Zukunft, auf die Welt. Dieser Schnittpunkt befindet sich in deinem vierten Chakra. Deine Seele tritt mit deinem ersten Atemzug in deinen Körper ein, und deine Lungen liegen zufälligerweise ebenfalls im vierten Chakra. Bei deiner Geburt besteigst du – bildlich gesprochen – einen Zug, der nur auf diesen unendlichen Gleisen der Vergangenheit und Zukunft fahren kann.

Und nun wollen wir dieses Unendlichkeitssymbol einmal aus einem anderen Blickwinkel betrachten: Stell dir vor, dass das Unendlichkeitssymbol waagerecht vor dir schwebt. Lass dieses Symbol mit deinem Körper eins werden, wobei der Schnittpunkt in deinem Herzchakra liegt. Beachte, dass alles Wissen über deine Vergangenheit oder Zukunft, nach dem du strebst, in dir selbst liegt – du brauchst nicht in der Außenwelt danach zu suchen. Deine drei unteren Chakras speichern die Energie der Vergangenheit, und die drei oberen Chakras beinhalten die Energie der Zukunft. Nur das vierte Chakra repräsentiert die Energie der Gegenwart. (Die Energie in deinem Symbol bewegt sich von links nach rechts, weil die linke Körperseite die Energie empfängt und die rechte Seite sie aussendet).

Und du solltest dir auch noch über etwas anderes klar werden: nämlich, dass die Zeitspannen zwischen diesen drei Fixpunkten nicht gleich lang sind. Die gegenwärtige Zeit ist nur ein kleiner Punkt, eine Kreuzung, ein Schnittpunkt – der winzige Augenblick des Jetzt. Dennoch ist die Gegenwart die einzige Zeit, aus der heraus man die Vergangenheit heilen kann und die Zukunft verändern könnte. Außerdem wird die Vergangenheit von der Zukunft bestimmt. Um die Zukunft zu verändern, musst du deine Zeitlinien heilen, während du auf dem Boot des Schicksals über das Meer des Lebens segelst und dir der Tatsache bewusst bist, dass auf jede Aktion eine gleichartige Reaktion erfolgt.

Uralte Prophezeiungen

Die Menschen früherer Zeitalter haben euch Prophezeiungen hinterlassen. Bei einigen davon handelt es sich um Warnungen. Diese Warnungen sollen euch nicht erschrecken oder innerlich auf den Jüngsten Tag vorbereiten, sondern euch zeigen, was ihr aufgrund dieser vorausgesagten Ereignisse ÄNDERN könntet.

Wenn jemand in die mögliche Zukunft sehen und diese Information an andere Menschen weitergeben darf, dann hat diese Person vom *Schicksal* die Gabe erhalten, Nachrichten in die Zukunft (deine Gegenwart) zu senden, um dir die Möglichkeit zu geben, diese Zukunft zu verändern. Es gibt keinen anderen Grund dafür als diesen. Wenn die Erde an einem bestimmten Tag untergehen sollte und es keine Chance gäbe, dieses Ereignis zu überleben oder etwas daran zu ändern, dann gibt es auch keinen Grund für euch, etwas darüber zu erfahren, weil die daraus entstehende Massenhysterie für das Universum oder die dort lebenden Wesen, egal ob sie aus der Welt des Lichts oder aus der Welt der Dunkelheit stammen, keinen sinnvollen Zweck erfüllen würde. Und wenn diese hellsichtige Person mehrere Ereignisse voraussagt und ein paar ihrer Prophezeiungen sich erfüllen, ist das ein handfester Beweis dafür, dass auch ihre noch nicht eingetroffenen Zukunftsvorhersagen auf eine mögliche Manifestation zusteuern und dass du noch Zeit hast, etwas daran zu ändern.

Angenommen, jemand, der über glaubwürdige hellseherische Fähigkeiten verfügt, warnt dich davor, morgen die Hauptstraße entlangzugehen, weil du sonst von einem Auto angefahren werden und dabei tödlich verunglücken könntest. Die Entscheidung liegt stets bei dir: Du kannst auf diesen Ratschlag hören und abwarten, was passieren wird, oder ihn ignorieren und das Risiko eingehen. In unserem Beispiel hast du dich dafür entschieden, den Rat zu befolgen und lieber einen großen Bogen um die Hauptstraße zu machen. Am Abend erfährst du aus den Nachrichten, dass es auf dieser Straße tatsächlich einen Unfall gegeben hat. Damit hast du die Bestätigung, dass es vielleicht dein Tod gewesen wäre, wenn du zu dieser Zeit über diese Straße gegangen wärst.

Wenn so etwas passiert, bedeutet das, dass es dir nicht bestimmt war, an diesem Tag zu sterben, und dass das Universum dir eine Wahl gelassen hat. Das Ergebnis deiner Entscheidung wurde zum Teil deines neuen Schicksals. Daher stehst du aufgrund dieser Entscheidung nun an einem neuen Anfang deines Lebens.

Und nun wollen wir einmal annehmen, du hast eine gute Freundin, bei der du Energieheilungssitzungen durchführst, und ein paar Tage, nachdem ihr beide eine Sitzung miteinander hattet, die hervorragend gelaufen ist, stirbt diese Frau unerwartet. Du bist völlig fassungslos, fühlst dich schuldig, weil du nichts Negatives gespürt hast und sie trotzdem plötzlich gestorben ist. Warum gab es kein warnendes Zeichen? Warum hast du nichts gespürt? Warum konntest du sie nicht retten?

Du hast genau deshalb nichts vorausgeahnt oder gespürt, weil die Seele dieser Frau innerlich mit ihrem Hinscheiden im Einklang stand, egal woran sie gestorben ist – sie war bereit für eine neue Reise in einer anderen Welt. Ihre Seele wollte nicht *gewarnt* werden, weil diese Warnung sie in einen Zustand hysterischer Angst vor etwas versetzt hätte, was auf göttliche Weise von ihrem Schicksal geplant gewesen war und woran sie nichts ändern konnte. *Sie brauchte nicht im Voraus davon zu wissen, weil es sich sowieso nicht ändern ließ.*

Wenn wir uns die uralten Prophezeiungen anschauen, wurden diese nur deshalb aufgezeichnet und sind uns nur deshalb bis zum heutigen Tag erhalten geblieben, damit ihr geeignete Maßnahmen ergreift, um etwas daran zu ändern, statt einfach nur untätig dazusitzen und auf den Jüngsten Tag zu warten.

Die Zeitlinienheilung beginnt bei dir

Die Gegenwart ist das Tor zur Vergangenheit und zur Zukunft. Von diesem Punkt aus kannst du all deine Seelenverletzungen heilen. Zu lernen, in deinem Geist, deinem Körper und deiner Seele präsent zu bleiben, ist zwar schon ein bisschen schwierig, aber machbar.

Übe dich darin, still und präsent in deinem Herzen – deinem vierten Chakra – zu bleiben. Dann wird dein jetziger Augenblick zur Nullpunktenergie, was bedeutet, dass er mit keinerlei Energie/keinen Emotionen aufgeladen ist. Er beinhaltet keine Wünsche und keine Bedürfnisse, keinen emotionalen Schmerz, keine Aufregung und keinen Groll – er *ist* einfach. In dieser neutralen Energie kannst du *die Wahrheit* vor deinem inneren Auge so sehen oder spüren, wie sie wirklich ist, und dadurch kannst du auch jedem Menschen bedingungslose Liebe senden, ohne ihn in irgendeiner Weise zu beurteilen.

In der Gegenwart gibt es keine Schuldzuweisungen oder Verletzungen und auch keine Angst. Wenn du dich bemühst, in der Gegenwart zu bleiben, kannst du zwischen der wirklichen Wahrheit, die du mit deinen inneren Augen wahrnehmen könntest, und dem unterscheiden, was du mit deinen physischen Augen siehst (= was du nach Meinung der Welt sehen sollst). Der nächste Schritt besteht darin, das Leben so anzunehmen, wie es ist (= loszulassen und dich innerlich zu öffnen) und zu einem Tempel der Wahrheit zu werden. »Tempel der Wahrheit« bedeutet, dass du eine lebendige Ver körperung der Wahrheit bist und dass all deine Handlungen auf Ehrlichkeit und Integrität beruhen.

Das könnte schon ein bisschen schwierig für dich sein. Das menschliche Ego ist nun einmal darauf konditioniert, zu lügen, die Wahrheit zu verdrehen und andere Menschen zu manipulieren, wenn auch aus sehr guten und ehrenhaften Gründen. Dabei handelt es sich um eine Gewohnheit, ein Verhaltensmuster, das euch beim Überleben hilft. Wenn du zu einem Tempel der Wahrheit wirst, musst du dieses Muster an dir selbst erkennen und diese menschliche Konditionierung überwinden, indem du dich bemühst, dir und anderen Menschen gegenüber wahrhaftig zu sein.

Das ist etwas, was sich nicht über Nacht verändert, sondern ganz allmählich zu einer Lebensweise wird, je öfter man es praktiziert. Einfach ausgedrückt: Wenn du etwas falsch machst, weil der menschliche Teil deiner Persönlichkeit die Oberhand gewinnt, schiebe die Schuld für dein Fehlverhalten nicht auf andere Menschen, sondern halte inne. Werde dir darüber klar, was passiert ist, und akzeptiere es, um den wahren Grund zu erkennen, warum du dich so verhalten hast. Das Geschenk, das aus dieser subtilen und doch wirkungsvollen Veränderung erwachsen wird, ist die Fähigkeit, deine Vergangenheit oder frühere Existenzen mit ganz neuer Klarheit zu sehen – und vielleicht bedürfen diese früheren Existenzen tatsächlich der Heilung. Erst wenn du erkennst, dass du ein gebrochener Mensch bist, kannst du geheilt werden.

Wenn du dich über irgendetwas aufregst, traurig, wütend oder verängstigt bist, solltest du dich fragen: »Wovor habe ich Angst? Wo liegt der Ursprung dieses Gefühls?« Lass dich zu diesem Augenblick zurückführen. Stell dir vor, du bist dein eigener Schutzengel, dein Höheres Selbst, und weißt, was du in diesem Augenblick hören müssest, damit es dir wieder besser geht. Bemühe dich um eine Haltung der Akzeptanz, denn Akzeptanz hilft dir, die Wahrheit hinter deinen Gefühlen oder hinter den Motiven anderer Menschen zu erkennen. Du kannst zwar nichts mehr daran ändern, was passiert ist, aber du kannst dein (früheres) Ich in bedingungslose Liebe einhüllen und deine *Gefühle* in Bezug auf die Situation verändern.

Der nächste Schritt besteht darin, dich zu entschuldigen und dir – wenn nötig auch anderen Menschen – zu verzeihen. Aber bevor du das tust, solltest du einmal darauf achten, wie sehr du auf dich selbst und wie sehr du auf andere Menschen vertraust. Wenn du ein Vertrauensproblem hast – woher kommt dieses? Rührt es von deinem jetzigen Leben oder von einer früheren Existenz her? Welche Geschichte steckt dahinter? Bist du im Stich gelassen oder hintergangen worden, und hat das zu deinem Misstrauen gegenüber Menschen, der ganzen Menschheit, vielleicht sogar gegenüber dem Universum oder Gott geführt? Um es noch einmal zu betonen: Diese Erkenntnis wird dir einen neuen Heilungsweg eröffnen.

Vergebung hilft dir, Vertrauen zu dir selbst und anderen Menschen zu haben. So kannst du die fehlenden Teile deiner unsterblichen Seele wieder einsammeln. Dadurch wird das problematische Ereignis zu einem Abschluss gebracht, und es gibt keinen Grund mehr, es in Zukunft noch einmal zu wiederholen. Die energetische Prägung dieses Traumas ist verschwunden, und du wirst es nie wieder anziehen. Genau an diesem Punkt hast du deine Zukunft verändert.

Und zuletzt solltest du dich – und andere Menschen – mit bedingungsloser Liebe erfüllen. Du bist der einzige Mensch, der dich mögen, dich lieben, mit dir zusammenleben muss – was andere von dir denken, spielt keine Rolle. Selbstliebe bedeutet, deine eigene Energie und dich selbst für wertvoll zu halten, gut zu dir zu sein, dich gut um deinen Körper und Geist und deine

Seele zu kümmern und dafür zu sorgen, dass alle drei Teile deines Wesens gesund sind, damit du anderen Menschen dienen kannst. Und Dienst an anderen bedeutet nichts anderes, als ihnen bedingungslose Liebe zu schenken.

Verstehst du, was wir meinen? Du löschst die Vergangenheit NICHT aus, sondern verwandelst lediglich ungeheilte in geheilte Energie. Du verwandelst ein Muster, das nicht funktioniert, in ein Muster, das dir weiterhilft und Erfolg bringt.

Die Vergangenheit zu heilen bedeutet, alle Lektionen des Lebens anzuerkennen, die dir Wissen und Weisheit schenken. Die Sonne geht aus der Dunkelheit heraus auf, und die Lektionen des Lebens werden aus Leid gelernt. Wenn die Seele die Lektion erkennt und akzeptieren und verzeihen kann, ist bedingungslose Liebe die einzige Energie, die an die Stelle des Leidens treten kann. Die Zukunft, die aus dieser Energie heraus projiziert wird, ist das, was du gern sein würdest. Das ist das Gesetz von Ursache und Wirkung, von Säen und Ernten. Dein höheres Selbst wird dir gerne Zugang zu deinen Seelenerinnerungen gewähren, damit du anderen Menschen dienen kannst. Und wenn du innerlich bereit dazu bist, kannst du die Zeitschleife bewusst verlassen, um niemals wieder auf die Erde zurückzukehren.

Es gibt unendlich viele Möglichkeiten, deine Zeitlinien zu heilen und eine mögliche Zukunft für dich zu projizieren. Die Zukunft könnte nur mit bedingungsloser Liebe projiziert werden, denn bedingungslose Liebe möchte keine Kontrolle über das Ergebnis haben. Sie wird nicht von den Wünschen und Bedürfnissen gesteuert, die ihr Menschen habt. Sie ist auf das Schicksal ausgerichtet – auf dein Schicksal und das der Erde. Und die Wahrheit blüht und gedeiht in bedingungsloser Liebe. *Das ist keine vorübergehende Veränderung, sondern eine Lebensweise.*

Diese einfache innere Wandlung wird dein Leben von Grund auf verändern. Manchmal ist eine solche tiefgreifende Veränderung schmerzhaft oder bittersüß, denn es ist schwer, sein altes Ich aufzugeben. Manchmal verstrickt man sich dabei in unangenehme Situationen. Der Grund dafür besteht nicht darin, dass irgendjemand oder irgendetwas versucht, dir dein Leben zu ruinieren, sondern dass es da eine uralte Lektion gibt, die du meistern kannst. Früher wurdest du in Mysterienschulen ausgebildet, heute ist der Lehrplan deiner Mysterienschule nahtlos in dein Alltagsleben eingewoben – wenn du darum bittest.

Du bist ein Realitätsschaffender.
Du bist ein Zeitreisender.
Du bist ein Magier.

Zeitreise-Training

Übe dich in Zeitreisefähigkeiten, indem du anfängst, dich bewusst zwischen den Energien zweier Tage hin und her zu bewegen und diese Zeitreisen dann allmählich auf immer mehr Tage ausdehnst, bis du dabei auf frühere Leben stößt – so weit, wie du zurückgehen möchtest. Mach diese Übung jeden Tag genau um dieselbe Zeit. Wiederholung ist der Schlüssel zum Erfolg.

ꙮ Die Übung

1. Zentriere dich morgens nach dem Aufwachen in deinem Herzen. Lege die Hände auf dein Herzchakra und konzentriere dich ein paar Sekunden lang auf deinen Atem.

2. Als Nächstes legst du die Hände auf deinen Unterbauch und sprichst mit dir selbst über das *Gestern*, das in dem betreffenden Zeitrahmen dein Heute ist. Hab einfach Vertrauen zu dich selbst und glaube daran, dass es funktioniert! Du weißt, wann du dich gestern wo aufgehalten hast. Erzähle dir von deinem Tag. Erzähle dir, was für positive Dinge passieren werden, und bereite dich auf mögliche negative Ereignisse vor. Falls du dich über etwas aufgeregt hast, erlaube dir, dieses Ereignis zu akzeptieren, zu verzeihen und bedingungslose Liebe hineinzusenden. Sei dein eigener Schutzengel und vertraue dir alles an, was du wissen musst.

3. Wenn du das Gefühl hast, damit fertig zu sein, lege deine Hände an die Stirn, entspanne dich und erlaube dir, von deinem *morgigen Ich* Empfehlungen für den Tag wahrzunehmen/zu fühlen/zu hören. Wenn du Fragen zu deinem Tag hast, stelle sie einfach. Wenn du bei etwas Hilfe brauchst, bitte dein *zukünftiges Ich* darum.

Wenn du das zum ersten Mal ausprobierst, wirst du vielleicht nichts spüren, aber Übung macht den Meister. Als du Fahrrad fahren lerntest, musstest du auch erst einmal üben, bevor du dich voll und ganz darauf verlassen konntest, es zu können – und schließlich wurde es dir zur zweiten Natur. Mit dieser Übung ist es genauso.

Hier ein Beispiel dazu: Angenommen, du musst morgen eine Rede vor mehreren Leuten halten und bist schon ganz nervös. Wenn du morgens aufwachst, frage dein *zukünftiges Ich*, wie die Rede gelaufen ist. Atme deine Sorgen und Erwartungen einfach aus und stell deine Frage. Höchstwahrscheinlich wirst du daraufhin die Energie einer herzlichen Umarmung und inneren Ruhe spüren – und das Gefühl bekommen, dass du es geschafft hast. Das bedeutet, dass deine Rede gut gelaufen ist. Und wenn du diese Rede dann tatsächlich hältst, wirst du ruhig und zuversichtlich sein, weil du ja schon im Voraus weißt, dass alles gut gegangen ist.

Nun wollen wir einmal annehmen, dass deine Rede schlecht war und gar nicht begeistert aufgenommen wurde. Statt dich gut zu fühlen, hörst du eine innere Stimme, die dir rät, die Rede lieber neu zu schreiben. Wenn du dieser inneren Führung folgst und deine Rede neu schreibst, veränderst du deine Zukunft genau an diesem Punkt – und vielleicht kommt die Rede dann sogar noch besser an als erwartet.

Die obige Übung ist nur eine Energieübung, bei der du dich zwischen Gestern und Morgen hin und her bewegst. Nicht alles lässt sich so verändern, dass ein positives Ergebnis dabei herauskommt, aber du kannst zumindest etwas an deinen *Gefühlen* darüber ändern. Wenn DU dich innerlich veränderst, dann veränderst du damit auch deine Zukunft. Du kannst eine gute Beziehung zu deinem vergangenen, gegenwärtigen und zukünftigen Ich aufbauen, die auf gegenseitigem Vertrauen beruht.

Nachdem du das eine Zeit lang geübt hast, kannst du es mit einem weiteren Experiment versuchen. Tritt mit deinem zukünftigen Ich in Kontakt und stelle ihm Fragen darüber, ob es etwas braucht, wobei du ihm helfen kannst: »Welche guten Dienste kann ich der Zukunft heute, in einem Tag, in einer Woche oder vielleicht auch erst in hundert Jahren leisten?« »Was brauchen die Menschen in der Zukunft, um ein friedliches, von Liebe erfülltes Leben führen zu können?« Dein zukünftiges Ich ist auf dein Höheres Selbst eingestimmt, also werden auch seine Ratschläge, was du schaffen oder was für einen Beitrag du leisten kannst, auf die höchste Schicksalsenergie ausgerichtet sein.

<u>Bitte beachte:</u> Dein Höheres Selbst gibt dir nur positive Inspirationen dazu, wie du der Zukunft dienen kannst. Wenn du negative Ratschläge erhältst, dann stehst du nicht mit deinem Höheren Selbst in Verbindung, sondern wirst von einer Energie mit niedriger Schwingung getäuscht, die sich dazwischen gedrängt hat. Sei vorsichtig und wachsam und achte darauf, auf dem richtigen Weg zu bleiben!

4

Willenskraft

*Durch die Heilung deiner Zeitlinien aktivierst du die höchst-
möglichste Energie für die Zukunft. Wenn du dich innerlich
veränderst, manifestiert sich diese Zukunft.*

Seit der Zeit, als die ersten Außerirdischen in Atlantis tierische
DNA in sich aufnahmen, um ihre Körper genetisch zu verändern, haben Ego und Seele miteinander um das Kommando
über dieses Gefäß konkurriert. Später setzte sich der gleiche
Kampf im menschlichen Gefäß fort, und schließlich vergaß
das Ego, dass es mit dem Universalen Geist in Verbindung
steht und dass Ego und Seele gleichberechtigte Schöpfer sind.
Es stürzte in einen Abgrund entsetzlicher Angst. (Wir dürfen
nicht vergessen, dass das ursprüngliche Programm des Egos
darin bestand, das Überleben auf der Erde zu sichern.)

Niemand lebt gerne lange Zeit in Angst, und so fand das Ego heraus, wie man diese Angst dazu benutzen kann, andere Menschen zu manipulieren und unter Kontrolle zu bringen, weil es glaubt, dass Kontrolle zu *Angstfreiheit* führt. Angst geht mit Schmerz und Leid einher. Und wenn der Schmerz unerträglich wird, stehst du – bildlich gesprochen – vielleicht am Rande einer Klippe und würdest deine Reise, die gerade erst begonnen hat, am liebsten gleich wieder beenden. Doch das Leben ist ein wertvolles Geschenk – aus verschiedenen Gründen. Solange du im Gefäß deines Körpers lebst, bist du ein Schöpfer. Du bist Gott, und Gott ist du. Deine Kraft ist genauso groß wie die Kraft des Universalen Geistes und der Kosmischen Liebe zusammen.

Du besitzt die Macht, alles zu tun und jeder Mensch zu sein, der du sein möchtest.

Auf unterbewusster Ebene weiß sowohl das Ego als auch die Seele über den ständigen Machtkampf dieser beiden Seiten deiner selbst Bescheid. In gewisser Weise benutzen Ego und Seele deinen Körper als Marionette, bis DU lernst, präsent zu sein und dein Leben selbst in die Hand zu nehmen. Wenn dein Leiden einen Punkt erreicht, an dem du innerlich zerbrichst, tritt das Ego einen Schritt zurück und erlaubt deiner Seele, auf dich herab zu scheinen und dir die Liebe zu schenken, die du brauchst, um mit deinem physischen Leben weitermachen zu können. Eigentlich möchte das Ego deine Reise durch die Welt des Leidens nicht beenden.

Ob du es glaubst oder nicht: Das Ego braucht die Seele, weil die Seele den Körper belebt. Und die Seele braucht das Ego, weil es dem Körper Intelligenz einhaucht.

Linke versus rechte Gehirnhälfte

Einige Sternenkinder haben das Gefühl, dass ihre linke Gehirnhälfte (Ego-Energie) stärker ist als die rechte. Sie fühlen sich in der Welt intelligenter Technologien am wohlsten. Sie möchten in allen möglichen Bereichen etwas erfinden – von einfachen Haushaltsgeräten bis hin zu technischen und medizinischen Innovationen, mit denen sie den Menschen helfen können. Für ihre innere Verbindung mit der Seele sind sie weniger offen. Manchmal fehlt es ihnen an emotionalen, sozialen Fähigkeiten und an Einfühlungsvermögen. Sie halten es für Unsinn, sich für die Liebe zu öffnen. Normalerweise haben sie zu allem eine klare Meinung, von der sie sich nur selten abbringen lassen. Leider können einige ihrer großartigen Erfindungen und Errungenschaften unabsichtlich zu einer Kraft der Zerstörung oder Selbstzerstörung werden, weil ihnen das Element der Liebe fehlt.

Andere Sternenkinder haben das Gefühl, dass ihre rechte Gehirnhälfte (Seelen-Energie) stärker ausgeprägt ist. Sie leben aus dem Herzen heraus, engagieren sich für eine umweltfreundliche Lebensweise und geben sich große Mühe, zu beweisen, dass ganzheitliche Heilmethoden den Menschen helfen können. Sie sind authentisch und setzen sich für freie Willensentscheidungen ein. Manche von ihnen haben mit finanziellen Problemen zu kämpfen, und einige sind auch ein bisschen exzentrisch. Oft lehnen sie moderne Technologien, moderne Medizin und eine zukunftsorientierte Lebensweise ab, und es fällt ihnen schwer, sich von jemandem zu trennen. Oft sind sie auch ein bisschen stur und lassen sich nicht auf Diskussionen mit Menschen ein, die anders sind als sie, sodass ihre erstaunlichen heilenden Fähigkeiten als Scharlatanerie abgetan werden oder unentdeckt bleiben. Sie fürchten, dass intelligente Technologien uns alle irgendwann beherrschen werden.

Jede Seite versucht die andere davon zu überzeugen, dass sie im Recht ist und dass eine gute Zukunft davon abhängt, dass alle sich *ihren* Standpunkt zu eigen machen. Jede lebt in Angst und gedeiht auf dem Nährboden des Leids. Jede hält *ihre* Lebensweise für den einzig richtigen Weg, um eine bessere Zukunft zu schaffen. Und doch kann die eine Seite nicht ohne die andere existieren, auch wenn beide sich in vielerlei Hinsicht gegenseitig ablehnen.

Erinnert dich das an etwas? Vielleicht an die Geschichten von der Liebe zwischen zwei Zwillingsflammen? Das eine kann ohne das andere nicht funktionieren. Ego und Seele sind in einer Art Hassliebe-Beziehung zueinander gefangen – die Seele möchte das Ego verändern, damit es so wird wie sie, und umgekehrt. Beide haben so viele Wünsche und Bedürfnisse, müssen so viel Jammer und Leid ertragen, und doch beharren sie alle beide wütend auf ihrem eigenen Standpunkt und sind nicht bereit, die andere Seite so zu akzeptieren, wie sie ist. Sowohl das Ego als auch die Seele haben eine lange Liste von Gründen, warum der andere sich ändern sollte.

Von Leid zu bedingungsloser Liebe

Zu einer wirklichen Veränderung kommt es erst dann, wenn du das intelligente Ego und die unendliche Seele als gleichberechtigte Partner akzeptierst und dir darüber klar wirst, welche dieser beiden Formen von Willenskraft dich gerade steuert.

Willenskraft ist wie ein Motor in deinem Körper: Wenn der Motor ausgeschaltet ist, hängst du in der Luft und es entstehen alle möglichen Probleme, die dich im Zustand der Stagnation verharren lassen. Zum Beispiel Angst, Frustration und Depressionen. Es gibt nur zwei Startmöglichkeiten für deinen Motor: das Ego und die Seele. Das Ego fährt am liebsten mit Treibstoff, der von Leid herrührt. Die Seele dagegen bevorzugt Treibstoff, der aus bedingungsloser Liebe gewonnen wird.

Dein altes Verstandesprogramm versucht dir einzureden, dass dein schöpferischer Wille durch menschliches Leiden aktiviert wird und dass du an diesem Leid wächst. Dein Verstand ist so konzipiert, dass er in der Vergangenheit gefangen ist. Das bedeutet, dass er ständig in den quälenden Emotionen dessen herumschwimmt, was dir in diesem Leben widerfahren ist – mit der Ausrede, herausfinden zu wollen, wie man diese Traumata heilen kann.

Und jetzt wird es interessant: Sobald du anfängst, dich spirituell weiterzuentwickeln, taucht dein Verstand in frühere Existenzen ein, damit du noch mehr unverarbeitete Emotionen erlebst. Ist dir schon einmal aufgefallen, dass nicht oft Erinnerungen an *glückliche* frühere Leben in dir aufsteigen? Stattdessen führt dein Verstand dich durch ungelöste Emotionen, ohne dir Heilungsmöglichkeiten zu bieten. Wenn dir das widerfährt, sollte sich daran unbedingt etwas ändern, denn dein Verstand hält dir eine Mohrrübe der Hoffnung vor die Nase, ohne eine echte Lösung für dich zu haben. Damit will er erreichen, dass du weiterhin *an ihn* glaubst, statt dir zum Glauben an dich selbst zu verhelfen.

Der Verstand will nicht, dass du herausfindest, dass du ein außerirdisches Wesen in einem menschlichen Körper bist. Du sollst nicht erfahren, dass du bereits mehrere menschliche Existenzen durchlebt hast, in denen dir bewusst war, wer oder was du bist. Du sollst nicht wissen, dass du ein Schöpfer bist.

Deshalb hält er dich in einem endlosen Kreislauf gefangen: Wenn du zu dem Schluss kommst, endgültig genug vom Leiden zu haben, flammt deine Willenskraft auf wie ein Lauffeuer und inspiriert dich dazu, etwas an deinem Leben zu verändern. Du schwelgst in träumerischen Wolken von einer Zukunft, wo alles möglich ist und du dich unbesiegbar fühlst. Das kann ein paar Stunden oder Tage lang so weitergehen. Doch dann weckt eine Erinnerung an Misserfolge aus deiner Vergangenheit oder aus einem früheren Leben wieder Gefühle der Angst, Wut oder Frustration in dir, weil du nicht alles unter Kontrolle hast und womöglich wieder scheitern könntest, und du beginnst dein Tun zu hinterfragen.

Die Schritte, die du eigentlich unternehmen sollst, um etwas an deinem Leben zu ändern, lösen sich allmählich in Nichts auf, und du lebst wieder weiter in deinem *alten Verstandesprogramm* – der Angst vor einem möglichen Misserfolg.

Angst motiviert dich zum Überleben.
Leid ist der treibende Motor
hinter deiner schöpferischen Willenskraft.
Du erschaffst etwas, um zu überleben.

Es gibt viele Verstandesprogramme, die wir als Lebensmuster bezeichnen – zum Beispiel reich, arm, gesund, krank, glücklich, spirituell, religiös, fanatisch – und unter denen dein Verstand dich wählen lässt. Er wird dich bei dieser Entscheidung unterstützen, dich aber auch davon zu überzeugen versuchen, dass Leid für dein Leben notwendig ist.

Lass dich nicht von der Redensart »Ich bin dankbar für all das Leid, das ich erlebt habe, weil es mich zu dem Menschen gemacht hat, der ich heute bin« in die Irre führen! Leiden ist zwar tatsächlich ein demütiger und wichtiger Entwicklungsschritt, doch nachdem du diesen Entwicklungsprozess durchlaufen hast, solltest du nicht mehr leiden.

Vielleicht hast du dein Muster verändert und führst jetzt ein sehr viel besseres Leben, aber wenn dein inneres Wachstum immer noch auf Leid beruht, so wie es dem menschlichen Körper einprogrammiert ist, bist du kein echter Schöpfer deiner Zukunft. Dann bestimmt vielleicht etwas anderes dein jetziges Leben, und zwar mit der Energie des Leidens als schöpferischer, aber negativer Willenskraft.

Denke daran, dass du, um etwas in deinem Leben verändern oder tun zu können, einen Willen brauchst.

Der Wille ist die Kraft, die dir hilft, von einem Teil deines Lebens zu einem anderen zu wechseln. Um Autor deiner Realität zu werden und dein Leben zu verändern, brauchst du eine Willenskraft, die nicht mit Leid einhergeht.

Diese neue Willenskraft ist bedingungslose Liebe.

Die Willenskraft der bedingungslosen Liebe wird aktiviert, indem du bewusst mit deiner Seele in Kontakt trittst und lernst, mit ihrer Hilfe etwas zu erschaffen. Die Menschen fühlen sich nicht von Natur aus dazu hingezogen, Liebe als »Treibstoff« für ihre Willenskraft zu wählen, denn Leid macht sich lauter bemerkbar als Liebe, und das Ego ist bereits seit Jahrtausenden dein Beschützer. Du musst dich also bewusst aufgrund deines freien Willens für die Liebe entscheiden.

Wir hören schon, was du jetzt fragen wirst: »Warum muss man bedingungslose Liebe zu seiner neuen Willenskraft machen?« Und wir antworten, dafür gibt es einen ganz einfachen Grund: Wenn du eine Ebene des Glücklichseins erreichst, ohne voll und ganz verstanden zu haben, was Liebe ist, wird dieses Glück nicht von Dauer sein. Dann wirst du wieder in einen Zustand niedriger Energie abstürzen, sobald dein Glück seinen Höhepunkt erreicht hat.

Das ist der Grund, warum ihr Menschen Höhen und Tiefen erlebt, warum ihr im Leid festgefahren seid: *Wenn man die Ebene des Glücklichseins erreicht, ohne das Wesen der Liebe zu verstehen, ist das so, als würde man die Lösung einer Mathematikaufgabe kennen, ohne zu wissen, wie man darauf gekommen ist.*

So ist es mit jeder Aufgabe, die man angeht, ohne die Schritte zu ihrer Lösung zu kennen. Es können dir dabei sehr schmerzhafte Fehler unterlaufen. Aber hast du einmal gelernt, bedingungslose Liebe zu deiner Willenskraft zu machen, kannst du einen Zustand des Nirwana erreichen und dich vielleicht sogar entscheiden, dort zu bleiben.

Dieses Nirwana ist nichts als ein Seinszustand, in dem man sich befindet und diese erleuchtende Frequenz für andere Menschen hält. Es ist kein schöpferischer Zustand und ihm wohnt auch keine Willenskraft inne.

Es ist einfach nur ein wunderbarer Seinszustand.

Auf Leiden beruhende Willenskraft versus auf bedingungsloser Liebe beruhende Willenskraft

Auf Leiden beruhende Willenskraft	Auf bedingungsloser Liebe beruhende Willenskraft
• Angst motiviert dich zum Überleben. • Leid ist der treibende Motor hinter deiner schöpferischen Willenskraft. • Du erschaffst etwas, um zu überleben.	• Liebe heilt deine Ängste. • Liebe ist der treibende Motor hinter deiner schöpferischen Willenskraft. • Du erschaffst etwas, um anderen zu dienen.

Austausch

Wenn du die bewusste Entscheidung triffst, dich lieber auf der Basis bedingungsloser Liebe weiterentwickeln zu wollen als auf dem Nährboden des Leidens, wird etwas Interessantes geschehen. Dann werden dir nämlich plötzlich unmissverständliche Zeichen auffallen. Zum Beispiel wirst du Synchronizitäten erleben – dir werden genau die richtigen Bücher in die Hände fallen und genau die richtigen neuen Menschen und Freunde begegnen, die dir auf dieser Reise weiterhelfen. Das geschieht deshalb, weil du jetzt in harmonischem Einklang mit den kosmischen Energien stehst.

Aber höchstwahrscheinlich wird dein wunderbares Trio aus Ego, Seele und Körper auch Herausforderungen und Schwierigkeiten begegnen, weil es an Leid statt an Liebe gewöhnt ist. Sich eine neue Willenskraft zu eigen zu machen, ist für den menschlichen Körper so etwas Ähnliches wie das Betreten eines unbekannten Terrains. Doch für außerirdische Wesen wie dich ist es ein natürlicher Zustand.

Dein Verstand, der mit deinem Ego in Verbindung steht, wird dich davon abbringen wollen, dich bewusst und innerlich präsent auf die Liebe einzulassen, Liebe zu empfinden und geliebt zu werden, weil er weiß, dass er dadurch die Kontrolle über dich verlieren könnte. Er hat Angst, dich dann nicht mehr beschützen zu können.

Deine Seele wird dich an frühere Leben erinnern. Du musst deine Seele von früheren Traumata heilen, und vielleicht wirst du diese Traumata noch einmal durchleben müssen, um sie heilen zu können. Was auf der Erde geschehen ist, muss auch auf der Erde geheilt werden.

Dein Körper muss dein Nervensystem neu verschalten, um dein Ego und deine Seele bei ihrer Umstellung auf eine neue

Willenskraft zu unterstützen. Vielleicht funktioniert das Nervensystem deines Körpers jetzt nicht mehr richtig, sodass du körperlich oder emotional krank und müde wirst. Das liegt daran, dass du – bildlich gesprochen – versuchst, ein neues Programm auf einem alten Computersystem laufen zu lassen. Du versuchst dein außerirdisches Bewusstsein (Seelengedächtnis) in deinen menschlichen Körper hineinzubringen, und der Körper weiß nicht, was er damit tun soll, und versucht es daher abzustoßen. Dein jetziges Nervensystem kann nur das *alte Programm der Angst* unterstützen.

Beachte, dass dein Nervensystem stets in der Gegenwart präsent ist, genau wie dein Herzschlag und all deine anderen Organe. Kein Organ deines Körpers ist in der Vergangenheit oder Zukunft gefangen. Du programmierst deine Willenskraft also von der Gegenwart aus um.

Dein Nervensystem

Dein Nervensystem beinhaltet viel mehr, als du glaubst. Wir wollen uns nun einmal ein bisschen damit beschäftigen. Dein Nervensystem ist der Kommunikator zwischen dem physischen Leben und der unbekannten spirituellen Welt. Es ist deine übersinnliche Antenne Empfänger und Sender zugleich, und es ist ein kostbarer Schatz.

Im Körper ist das Nervensystem eine Energieleitung für das Ego (Intelligenz) und die Seele (Spiritualität). Stell dir jedes dieser beiden Elemente (Ego und Seele) als separat pulsierenden elektrischen Strom vor. Als Energieleitung hat das Nervensystem die Aufgabe, diese beiden Ströme aufzunehmen und zu einem einzigen Strom zu verbinden, sodass sie in deinem Körper in harmonischem Einklang miteinander arbeiten können. Wenn sie aus dem Gleichgewicht geraten, wird dieser Puls wieder in zwei verschiedene Pulse aufgetrennt, die Chaos in den Organen deines physischen Körpers anrichten und zu körperlichen Erkrankungen oder psychischen Problemen führen können.

Viele Sternenkinder sind mit einem schwachen Nervensystem auf die Welt gekommen. Das liegt daran, dass Sternenkinder versuchen, einen größeren Teil ihres Seelenbewusstseins in ihren menschlichen Körper hinein zu holen. Diese Energie kann der menschliche Körper nicht halten, ohne entsprechende Korrekturen vorzunehmen. Außerdem ist dein Nervensystem auch durch deine Lebensumstände geschwächt. Deshalb muss es in Ordnung gebracht werden.

Im Nervensystem gibt es einen sehr wichtigen Energiekanal: eine Verbindung zwischen dem zweiten und sechsten Chakra, die durch die Organe deines Körpers hindurchführt. (Später werden wir dir eine Energieübung beibringen, bei der du mit diesem Kanal arbeiten kannst.) Blase und Verdauungssystem fungieren als wichtiges Nervensystem in deinem Körper. Die Blase besitzt ein eigenes elektromagnetisches Feld und kann durch Aussenden elektrischer Impulse mit dem ganzen Körper kommunizieren. Dein intuitives Bauchgefühl hat seinen Sitz nicht im Magen, sondern im Unterbauch. Das ist deine angeborene Energie. Diese Energie ist ständig damit beschäftigt, die menschlichen Organfunktionen zu regulieren, auch wenn jemand gelähmt ist oder im Koma liegt.

Als Nächstes wollen wir zwei Meridiane betrachten: den Zentralmeridian und den Lenkermeridian. Ihre Bahnen entsprechen genau denen deines zentralen Nervensystems. Diese beiden Meridiane sind im Gegensatz zu den anderen zwölf Meridianen keiner bestimmten Organgruppe zugeordnet, sondern fungieren als Assistenten deines Nervensystems.

Dein Zentralmeridian beginnt am Schambein und endet an der Unterlippe. Dein Lenkermeridian beginnt am unteren Ende der Wirbelsäule und verläuft über deinen Kopf bis zur Oberlippe. Die Verbindung zwischen diesen beiden Meridianen und deinem zentralen Nervensystem wird im Symbol des *Hermesstabs* (Caduceus) dargestellt. Dabei werden die Meridiane von zwei Schlangen repräsentiert, und der geflügelte Stab steht für das zentrale Nervensystem. Alle drei Elemente sind miteinander verbunden. Dieses Symbol kann auch als Ego und Seele (die beiden Schlangen) interpretiert werden, die sich um den Körper – sein Nervensystem (den geflügelten Stab) – herumwinden.

Blase, Herz und Gehirn sind durch den Lenkermeridian und den Zentralmeridian direkt miteinander verbunden. Diese Meridiane leiten die Energieinformation ständig durch die Organe und das zentrale Nervensystem hindurch wie Telefonleitungen. Jedes der genannten Organe (Herz, Blase, Gehirn) besitzt ein eigenes elektromagnetisches Feld, das direkt mit dem Vagusnerv – dem längsten Nerv deines zentralen Nervensystems – in Verbindung steht. Der Vagusnerv ist die wichtigste Leitung für spirituelle Energie in deinem Körper. Die Yogis haben diesem Nerv den Namen *Kundalini-Schlange* gegeben.

Deine Blase kann mit deinem Körper in einer Sprache kommunizieren, die den Umprogrammierungsprozess beeinflussen kann. Dein Herz ist der Sitz deiner Seele. Außerdem steht es mit der Kosmischen Liebe in Verbindung und kann sich mit der Energie der Einheit verbinden und den Heilungsprozess in deinem Körper in Gang setzen. Dein Gehirn spricht die Sprache deines Egos und kann mit dem Universalen Geist in Kontakt treten, was dir einen Zugriff auf das gesamte universale Wissen ermöglicht. Doch dazu müssen sie alle als Team zusammenarbeiten, um einen tiefgreifenden Wandlungsprozess zu bewirken.

Dein Nervensystem kann auf all deine Traumata aus früheren Leben zugreifen, weil es in der Lage ist, deine DNA-Informationen zu lesen und zu entschlüsseln. Dein Skelettsystem ist mit dem Nervensystem vernetzt. Das Knochenmark bildet Blutzellen, die Energieinformationen in den ganzen Körper hineintransportieren. Auf diese Weise kannst du deine Lebensmuster neu programmieren, indem du alte, irrelevante Informationen durch neue ersetzt.

Die Essener wussten, wie man mit seinem physischen Nervensystem arbeitet. Vor ihrem Tod haben sie ihre Skelette absichtlich mit der höchsten Schwingungsenergie ihrer Seele energetisiert. Nachdem ihre Seelen den Körper verlassen hatten, wurden ihre Körper in der Erde begraben, nicht verbrannt, und ihre Knochen schwangen in der Frequenz, die sie verkörperten – zum Beispiel bedingungsloser Liebe, uraltem Wissen, Weisheit, Freude, Glück oder Frieden. Man weiß, dass es Jahrtausende dauert, bis Knochen vollständig zerfallen. Das Christusbewusstsein liegt also im wahrsten Sinn des Wortes im Inneren der Erde vergraben: in den Knochen der Essener.

Um das Ganze noch einmal zusammenzufassen: Leid, Sucht, Erschöpfung, ungesunde Ernährung und dergleichen können das Nervensystem schwächen. Jede Krankheit entspringt einem geschwächten Nervensystem. Auch Störungen des Immunsystems sind die Folge eines beeinträchtigten Nervensystems. Das Nervensystem ist dein Kraftwerk, das für eine gute, gesunde Funktion deines Körpers sorgt. Außerdem fungiert es als deine spirituelle Antenne. Das gilt vor allem für den Vagusnerv: Er ist der Empfänger und Sender deines Seelengedächtnisses. Der Vagusnerv verbindet die Energie des Egos mit der

Energie der Seele, sodass beide über deinen Körper, über die Sprache der Emotionen oder des körperlichen Schmerzes mit dir kommunizieren können.

Gesunde Ernährung, Verzicht auf süchtig machende Substanzen, Einnahme von Vitaminen und Mineralstoffen, Kundalini-Yoga, Kriya-Yoga, Pranayama-Atemübungen und vieles andere mehr sind wunderbare körperliche Hilfsmittel, um dein Nervensystem zu stärken.

Positives Denken, Meditation, Lernen (Wissenserwerb), die Überwindung von Ängsten und vorbehaltloses Sicheinlassen auf die Liebe sind deine emotionalen Werkzeuge.

Energie-Übungen

Wir wollen dir nun drei aufeinander aufbauende Energieübungen erklären, mit deren Hilfe du zum Autor deiner Realität werden kannst. Die erste Energieübung besteht darin, mit deinem Nervensystem in Verbindung zu treten und zu lernen, mit deinem Körper zu kommunizieren. In der zweiten Übung wirst du mit deiner Willenskraft Kontakt aufnehmen, und die dritte Übung schließt den Prozess ab und führt dich in die Manifestation ein.

Übung 1 von 3

Ich bin präsent

Wenn du dich auf die Gegenwart fokussierst, trittst du über dein Nervensystem mit deinem Körper in Kontakt, sodass du eine Kommunikation mit ihm aufbauen kannst.

1. Lege die linke Hand auf deine Blase (zweites Chakra) und die rechte Hand auf dein Drittes Auge (sechstes Chakra). Atme tief ein und lass die Luft dann langsam wieder aus deinen Lungen hinausströmen. Konzentriere dich ganz auf deine Atmung. Du bist in der Energie des *Jetzt*. Stell dir vor, dass dein Aurafeld mit blauer Farbe angefüllt ist, einem beliebigen Blauton, der dir gefällt. Das ist dein blauer Energie-Heilstrahl. Atme drei Mal langsam und tief durch und atme diese Farbe ein. Bleibe im jetzigen Augenblick, konzentriere dich auf deine Atmung und die Essenz des Blaus. Atme langsam weiter und werde eins mit diesem Blau. Vielleicht hilft es dir, wenn du dir vorstellst, dass dein ganzer Körper blau ist. Achte darauf, wie es sich anfühlt, in deinem Körper präsent zu sein.

   Wenn es dir schwerfällt, deine Gedanken zur Ruhe zu bringen, konzentriere dich weiter auf deine Atmung. Richte deine Aufmerksamkeit auf deine Atemgeräusche. Jetzt ist nicht der richtige Zeitpunkt, um deine Gedanken aufzulösen oder dich von ihnen ablenken zu lassen. Konzentriere dich einfach nur auf deine Atemzüge. Tu das drei bis zehn Minuten lang. Sobald deine Energie sich zwischen dem zweiten und sechsten Chakra miteinander verbindet, wirst du dich *verbunden* fühlen. Vielleicht verspürst du dann plötzlich den Drang, einmal tief durchzuatmen. Mit diesem Atemzug schließt du diesen Schritt ab.

2. Du kannst diese Übung bereits nach dem ersten Schritt beenden oder weitermachen und mit dem Nervensystem deines Körpers in Kommunikation treten.

   Beginne mit einer einfachen Ja/Nein-Frage und arbeite dabei mit Antworttechniken wie dem Körperpendel, das wir dir in unserem Buch *DNA-Aktivierung durch die kosmische Familie* vorgestellt haben, oder kinesiologischen Tests. Du kannst Fragen stellen wie:

- Bin ich überaktiv? (Gestresst, ängstlich – du musst einen Weg finden, dich zu entstressen und zu entspannen.)
- Bin ich unteraktiv? (In deinen Impulsen gedämpft – das könnte auf Medikamente zurückzuführen sein, die deine Fähigkeiten unterdrücken, oder auch auf Erschöpfung, Unterernährung oder falsche Ernährung. Falls etwas davon die Ursache sein sollte, recherchiere weiter, beschäftige dich mit Möglichkeiten für einen gesünderen Lebensstil, sprich mit deinem Arzt.)
- Fehlt deinem Körper etwas? (Die meisten Sternenkinder leiden an Mineralstoffmangel, und ihr Nervensystem befindet sich in einem katastrophalen Zustand. Sie glauben bei sich verschiedene Symptome geistigen Erwachens zu beobachten, obwohl in Wirklichkeit einfach nur ein Mineralstoffmangel dahintersteckt, der ihr Nervensystem auslaugt. Wenn das der Fall ist, geht es ihnen normalerweise innerhalb von drei Tagen besser, nachdem sie entsprechende Maßnahmen zur Behebung dieses Problems ergriffen haben).

Das sind nur ein paar Beispiele. Du kannst deinem Nervensystem jede Frage stellen, die du möchtest.

Übung 2 von 3

Bedingungslose Liebe zu deiner Willenskraft machen

In dieser Energieübung wirst du zuerst mit deinem Körper in Verbindung treten und erleben, wie es sich anfühlt, in der Gegenwart zu sein. Als Nächstes wirst du mit deinem Ego in Kontakt treten und dessen Energie des Leidens erkennen. Es gibt nichts, wovor du dich zu fürchten brauchst – es ist einfach nur Energie, die verstanden werden muss. Dann wirst du dich auf deine Seele einstimmen und darum bitten, eine Willenskraft zu spüren, die auf bedingungsloser Liebe beruht. Wenn du mit dieser Willenskraft in Resonanz trittst, kannst du sie zu deinem neuen Programm machen.

Aber überstürze nichts – nimm dir Zeit dafür! In dieser Übung geht es darum, sich beider Willenskräfte bewusst zu werden. Du sollst lernen, zwischen den beiden Energien zu unterscheiden, und dir bewusst machen, dass du selbst entscheiden kannst, welche du wählen möchtest.

৩৯ 1. Anrufung

Sage laut oder in Gedanken: »Ich bitte darum, mit der höchsten Energie Gottes, meinem Höheren Selbst, mit der Frequenz der bedingungslosen Liebe in Kontakt treten zu dürfen, und bedanke mich für die Erfüllung dieses Wunschs. Ich bitte darum, dass bedingungslose Liebe in meinen ganzen Körper eintritt.« Stell dir vor, wie dein ganzer Körper vom Kopf bis zu den Zehen mit dieser wunderschönen Energie erfüllt wird.

৩৯ 2. Ich bin in der Gegenwart

Lege die linke Hand auf deine Blase (zweites Chakra) und die rechte Hand auf dein inneres Auge (sechstes Chakra). Atme tief ein und lass die Luft dann langsam wieder aus deinen Lungen hinausströmen. Konzentriere dich auf deine Atmung. Du bist in der Energie des *Jetzt*. Stell dir vor, dass dein Aurafeld mit blauer Farbe angefüllt ist, irgendeinem Blauton, der dir gefällt. Das ist dein blauer Energie-Heilstrahl. Atme drei Mal langsam und tief durch und atme diese Farbe ein. Bleibe im jetzigen Augenblick, konzentriere dich auf deine Atmung und auf die Essenz des Blaus. Atme langsam weiter und werde eins mit diesem Blau. Vielleicht hilft es dir, wenn du dir vorstellst, dass dein ganzer Körper blau ist. Achte darauf, wie es sich anfühlt, in deinem Körper präsent zu sein.

ꙮ 3. Dein Ego

Als Nächstes legst du die linke Hand auf den Bereich deiner Leber und die rechte Hand auf deine rechte Hüfte oder dein rechtes Bein. Stell dir vor, dass dein Aurafeld mit roter Farbe angefüllt ist, irgendeinem Rotton, der dir gefällt. Das ist dein roter Energie-Heilstrahl. Atme drei Mal langsam und tief durch und atme diese Farbe ein. Bleibe im jetzigen Augenblick, konzentriere dich auf deine Atmung und die Essenz des Rots. Vielleicht hilft es dir, wenn du dir vorstellst, dass dein ganzer Körper rot ist. Atme langsam weiter und werde eins mit diesem Rot.

Erkenne dein Ego und fang ein Gespräch mit ihm an: »Hallo, Ego. Es freut mich, mit dir in Kontakt zu treten. Ich liebe dich. Mir ist bewusst, wie sehr du gelitten hast. Mir ist bewusst, wie sehr dieses Leiden uns, dich und mich, dazu befähigt hat, etwas zu erschaffen, und uns auch beschützt hat. Ich weiß, dass du es gut mit uns meinst.«

Versetze dich in eine Zeit zurück, in der du wirklich gelitten hast – als du krank warst, eine schwierige Lebensphase durchmachtest oder das Gefühl hattest, im Dunkeln zu stehen und in die Enge getrieben zu werden. Lass dich noch einmal spüren, wie verzweifelt du damals warst, und mach dir bewusst, wie dein Ego dich mit der Willenskraft versorgt hat, die du brauchtest, um das alles durchzustehen. Sprich ihm deinen Dank aus: »Ich bin dir dankbar für deine Hilfe.«

Als Nächstes richtest du deine Aufmerksamkeit wieder auf die Gegenwart, konzentrierst dich auf deine Atmung und sprichst dabei weiter mit deinem Ego: »Möchtest du dieses Leiden beenden? Bist du bereit, etwas daran zu ändern? Wärst du bereit, als Freund mit der Seele zusammenzuarbeiten und Liebe und Glück zu finden?«

Führe dein Bewusstsein nun in deinen Geist hinein und fordere dein Ego auf, dich dorthin zu begleiten. »Komm mit, Ego, ich möchte dir etwas zeigen. Ich bitte darum, mit dem Universalen Geist in Kontakt treten zu dürfen, und bedanke mich für die Erfüllung dieses Wunschs.« Spüre die Woge intelligenter Energie, die daraufhin in deinen Geist hineinströmt. Konzentriere dich auf deine Atmung und spüre deine Verbindung zur Quelle allen universalen Wissens.

»Liebes Ego, ich bin bereit, die früheren Leben zu sehen, die wir heilen müssen, wenn *du* bereit dazu bist, um Zugang zu diesem universalen Wissen zu gewinnen. Ich bin bereit, wenn du es bist, bedingungslose Liebe zu unserer neuen Willenskraft zu machen und uns Zugang zu uraltem Wissen über Heilung, Erfindungen, Technologien, Überleben und andere Dinge zu verschaffen. Bist du bereit, mit der göttlichen Seele zusammenzuarbeiten, um mit dem Universalen Geist in Kontakt zu treten und dieses Wissen mit der Menschheit zu teilen?«

Lass dir Zeit für diesen Schritt.

❧ 4. Deine Seele

Als Nächstes legst du die rechte Hand auf den Bereich deiner Milz und die linke Hand auf deinen Kopf. Stell dir vor, dass dein Aurafeld mit grüner Farbe angefüllt ist, irgendeinem Grünton, der dir gefällt. Das ist dein grüner Energie-Heilstrahl. Atme drei Mal langsam und tief durch und atme diese

Farbe ein. Bleibe im jetzigen Augenblick, konzentriere dich auf deine Atmung und die Essenz des Grüns. Vielleicht hilft es dir, wenn du dir vorstellst, dass dein ganzer Körper grün ist. Atme langsam weiter und werde eins mit diesem Grün.

Erkenne deine Seele und fang ein Gespräch mit ihr an: »Hallo, Seele. Ich freue mich so sehr, mit dir in Kontakt zu treten. Ich liebe dich.« Nimm dir Zeit, alles zu genießen, was du dabei wahrnimmst. Anschließend bringst du deine Seele mit deinem Ego in Verbindung: »Kannst du dich bitte mit meinem Ego anfreunden?«

Konzentriere dich auf deine Atmung und stell dir vor, wie deine Seele deinem Ego begegnet und dass die beiden sich mögen. Jetzt ist es an der Zeit, mit der Kosmischen Liebe in Verbindung zu treten: »Ich bitte darum, dass meine Seele und mein Ego mit der Kosmischen Liebe Kontakt aufnehmen dürfen, und bedanke mich für die Erfüllung dieses Wunschs.« Erlaube dir, dich in den warmen Liebesstrahlen deiner Seelenfamilie zu sonnen.

»Ich bin bereit, loszulassen. Ich bin bereit, mich von meiner Kontrolle, meiner Angst und meinen Wünschen und Sehnsüchten zu lösen und mich auf dieser Reise von euch, meinem Höheren Selbst und meiner Seelenfamilie, leiten zu lassen. Ich bin bereit, bedingungslose Liebe als meine schöpferische Willenskraft zu akzeptieren.«

Erlaube dir, dieses intensive Gefühl zu genießen.

ᕕ 5. Registriere deine neue Willenskraft in deinem Nervensystem

Kehre nun in dein Nervensystem zurück. Lege die linke Hand auf deine Blase (zweites Chakra) und die rechte Hand auf dein Drittes Auge (sechstes Chakra). Atme langsam und tief ein und wieder aus. Konzentriere dich einfach auf deine Atmung. Stell dir vor, dass dein Aurafeld mit blauer Farbe angefüllt ist, irgendeinem Blauton, der dir gefällt.

Spüre, wie es sich anfühlt, wieder in deinem Körper präsent zu sein, während du dir gleichzeitig deiner Seelen- und deiner Egoenergie bewusst bist. Akzeptiere beide – Seele und Ego – als deine Schwester und deinen Bruder, die von bedingungsloser Liebe leben und denen es dabei gut geht. Von jetzt an seid ihr eine Familie. Dein Ego und deine Seele sind in deinem Körper eins geworden.

Wiederhole diese Übung so oft, bis du das Gefühl hast, energetisch mit deinem Ego, deiner Seele und deinem Körper vollkommen verbunden zu sein.

Manifestiere dein neues Leben durch Wissen und Fühlen

∂ Wissen + Fühlen = Manifestieren

Bevor wir jetzt mit dem dritten Teil dieser Übung beginnen, möchten wir dich noch auf zwei wichtige Faktoren hinweisen: Wissen und Fühlen.

Wissen (die Energie des Egos): Denke an die Idee, die du gerne manifestieren möchtest. Führe in Gedanken ein Brainstorming zu dieser Idee durch und nimm dir vor, dass das, was du erschaffst, den Prinzipien der Ehrlichkeit und Integrität entsprechen und der Menschheit dienen soll. Wisse, was du willst.

Fühlen (die Energie der Seele): Bring die Emotionen der Seele in deine Idee hinein. Erfülle deine Idee, deinen Traum mit bedingungsloser Liebe und stell dir vor, wie du dich fühlen würdest, wenn deine Idee Wirklichkeit wird. Als Nächstes holst du all diese Emotionen in dein zweites Chakra (deine Blase) hinunter und erlebst sie in allen Details.

Manifestieren (die Energie des Körpers): Du musst dein Wissen und deine Emotionen durch deine beiden wichtigsten *bewussten* Rezeptoren – zweites und sechstes Chakra (Blase und Gehirn) – ins Nervensystem deines Körpers hineinströmen lassen. Wenn diese zwei Energien miteinander in Verbindung treten, projizieren sie die Energie, die du gerade erschaffen hast, in dein Aurafeld hinein, sodass du genau das anziehst, was du dir wünschst. In dieser projizierten Energie ist das, was du manifestieren möchtest, bereits entstanden.

Manifestieren

In dieser Übung machst du dein Ego und deine Seele zu aktiven Teilnehmern des Manifestationsprozesses. Wähle bedingungslose Liebe als Willenskraft für dieses Projekt und registriere sie in deinem Nervensystem, damit dein Nervensystem sie in dein Aurafeld hineinprojizieren kann. Danach brauchst du nur noch auf Zeichen und Synchronizitäten in deinem Leben zu achten und beim Manifestieren der Führung deiner Seele – deines Höheren Selbst – zu folgen statt deinen eigenen Vorstellungen. Vertraue auf diesen Prozess und glaube an dich selbst.

☙ 1. Anrufung

Sprich laut oder in Gedanken vor dich hin: »Ich bitte darum, mit der höchsten Energie Gottes, meinem Höheren Selbst, mit der Frequenz bedingungsloser Liebe in Kontakt treten zu dürfen, und bedanke mich für die Erfüllung dieses Wunschs. Ich bitte darum, dass bedingungslose Liebe in meinen ganzen Körper eintritt.« Und jetzt stellst du dir vor, wie dein ganzer Körper vom Kopf bis zu den Zehen mit dieser wunderschönen Energie gefüllt wird.

ॐ 2. Wisse, was du willst

Als Nächstes legst du die linke Hand auf den Bereich deiner Leber und die rechte Hand auf deine rechte Hüfte oder dein rechtes Bein. Stell dir vor, dass dein Aurafeld mit roter Farbe angefüllt ist, irgendeinem Rotton, der dir gefällt. Atme drei Mal langsam und tief durch und atme diese Farbe ein. Bleibe im jetzigen Augenblick, konzentriere dich auf deine Atmung und die Essenz des Rots. Atme langsam weiter und werde eins mit diesem Rot. Du kannst dir sogar vorstellen, dass dein ganzer Körper rot ist.

Tritt nun mit deinem Ego in Kontakt und teile ihm mit, was du manifestieren möchtest. Finde ruhig eigene Worte dafür – das hier ist nur ein Beispiel: »Liebes Ego, ich möchte zusammen mit dir ein Buch schreiben. Würdest du mir bitte helfen, mit allem uralten Wissen und allen früheren Leben, die wir auf der Erde geführt haben, in Verbindung zu treten, damit wir die Weisheit dieses Wissens und dieser Inkarnationen an andere Menschen weitergeben können? Ich möchte, dass der Universale Geist uns mit all den Autoren in Kontakt bringt, die uns bei diesem Projekt unterstützen wollen. Würdest du der Seele bitte erlauben, uns auf dieser Reise zu führen? Danke. Danke. Danke.«

Gib deinem Ego Zeit, sich voll und ganz mit deiner Vorstellung von dem, was du manifestieren möchtest, zu identifizieren.

☙ 3. Fühle, was du willst

Als Nächstes legst du die rechte Hand auf den Bereich deiner Milz und die linke Hand auf deinen Kopf. Stell dir vor, dass dein Aurafeld mit grüner Farbe angefüllt ist, irgendeinem Grünton, der dir gefällt. Atme drei Mal langsam und tief durch und atme diese Farbe ein. Bleibe im jetzigen Augenblick, konzentriere dich auf deine Atmung und die Essenz des Grüns. Atme langsam weiter und werde eins mit diesem Grün. Du kannst dir sogar vorstellen, dass dein ganzer Körper grün ist.

Tritt nun mit deiner Seele in Kontakt: »Liebe Seele, ich möchte ein Buch schreiben, um den Menschen zu zeigen, wie man ein Autor seiner Realität wird. Würdest du mich bitte auf diesem Weg begleiten? Ich möchte dabei mit der Kosmischen Liebe verbunden sein und habe den Ursprung der bedingungslosen Liebe als Willenskraft für dieses Projekt gewählt. Danke. Danke. Danke.«

Bring die Emotionen der Seele in deine Idee hinein. Erfülle deine Idee, deinen Traum mit bedingungsloser Liebe und stell dir vor, wie du dich fühlen wirst, wenn deine Idee Wirklichkeit wird. Spüre das so, als sei es bereits geschehen.

☙ 4. Registriere das in deinem Nervensystem

Lege die linke Hand auf deine Blase (zweites Chakra) und die rechte Hand auf dein Drittes Auge (sechstes Chakra). Atme langsam und tief ein und wieder aus.

Stelle dir vor, dass dein Aurafeld mit blauer Farbe angefüllt ist, irgendeinem Blauton, der dir gefällt.

Du weißt, was du in deinem Geist willst, und du weißt auch, wie es sich anfühlt, wenn du deine Idee manifestiert hast. Lass deine Hände auf den Rezeptoren deines Nervensystems liegen, während du dich dieser Fantasie hingibst. Dein Ego und deine Seele haben sich bereit erklärt, dir zu helfen, und sind wahnsinnig verliebt in deinen Wunsch und in dich. Bring dieses Gefühl in das, worum du bittest, hinein und nutze alle deine Sinne, um deinen Zukunftstraum zu einer Tatsache in der Gegenwart zu machen.

Halte diese Energie des Wissens und Fühlens und der Liebe ungefähr drei Minuten lang oder bis du spürst, dass die Energie *klick* gemacht hat und der Prozess abgeschlossen ist. Sprich deinem Ego, deiner Seele, deinem Körper, der Erde, dem Universum und deiner Seelenfamilie deinen Dank aus. Danke. Danke. Danke, dass ihr mir geholfen habt. Dann machst du wieder mit deinem gewohnten Alltagsleben weiter.

5

Wie füreinander geschaffen

*Dies ist ein Gleichnis über die Zwillingsflammen-
Beziehung zwischen Ego und Seele.*

Es war einmal ein gutaussehender Mann namens Ego, der als
Waisenkind aufgewachsen war. Seine wahren Eltern kannte
er nicht. Ego hatte einen sehr flinken Verstand, war ein ge-
schickter Jäger und Überlebenskünstler und ging durchs Leben, ohne allzu viel Aufmerksamkeit auf sich zu ziehen. Seine
kräftigen Männerhände konnten mit allen Werkzeugen und
Waffen präzise umgehen. Aus dem tiefen Blick seiner Augen
sprach uralte Weisheit. Die Sorgenfalten auf seiner Stirn kün-
deten von Traurigkeit, Schmerz und Leid, doch die Falten

rund um seine Augen verrieten, dass er auch Sinn für die humorvollen Seiten des Lebens hatte. Sie zeigten, dass er nachsichtig und gütig war.

Ego wandelte im Schatten der Erde. Er war einsam und müde. Wie gern wäre er aus der Dunkelheit heraus ans Sonnenlicht getreten! Er hörte Geschichten von der Schönheit blühender Blumen und fragte sich im Stillen, warum er sich nicht daran erinnern konnte. Zu seinem Stamm gehörten noch viele andere Menschen – Männer und Frauen. Allerdings brauchte man einen Partner von der anderen Seite, um aus dem Schatten heraus ans Sonnenlicht zu gelangen. Manche versuchten, diese Regel zu übertreten, wurden aber erwischt und grausam bestraft. Sie mussten warten, bis ihr Partner ihnen ein Signal sandte, dass es an der Zeit war, sich in physischer Gestalt, in einem irdischen Gefäß, miteinander zu treffen. »Doch Geduld ist leider nicht die größte Tugend meiner Stammesangehörigen«, dachte Ego und grinste dabei leise vor sich hin.

Seele lebte in himmlischen Dimensionen. Ihr Gesicht war faltenfrei und von strahlender Schönheit. Sie leuchtete von innen heraus. Mit ihrer Güte berührte sie die Herzen aller Lebewesen um sich herum und kannte Ego sehr gut. Lächelnd dachte sie daran, wie oft sie in ihren früheren irdischen Existenzen schon mit ihm verheiratet gewesen war. Doch wenn sie den Körper, den sie miteinander teilten, verließ, hatte er sie über seinem irdischen Leben immer bald wieder vergessen. Sie schüttelte den Kopf und stieß einen tiefen Seufzer aus. Es kostete sie so große Mühe, ihn jedes Mal, wenn sie ihn traf, daran zu erinnern, wer sie war. Wie schade, dass er sich nicht an sie erinnern durfte!

Doch nun war sie bereit für eine weitere Inkarnation auf der Erde und schwor sich, dass es diesmal anders laufen würde. Wieder entzündete sich die Ewige Flamme und beschloss, dass Ego und Seele bereit waren, sich erneut zu treffen.

Als ihre Blicke sich begegneten, verschlug es ihm fast den Atem. Er fragte sich, ob sie einander nicht schon einmal über den Weg gelaufen waren. »Unmöglich«, dachte er. »Niemand, der sie einmal gesehen hatte, könnte sie je wieder vergessen.« Und doch war etwas Besonderes an ihr. Ihre Gegenwart linderte sofort jeden Schmerz, den er je verspürt hatte. Sogar seine Gedanken beruhigten sich in ihrer Nähe. Es war, als trüge sie eine Art Zauber in sich.

»Schön, dich kennenzulernen, Ego«, begrüßte sie ihn mit glockenheller Stimme, stellte sich auf die Zehenspitzen und küsste ihn sanft auf die Wange. Ego wusste nicht, was er tun sollte. Dieser Kuss brachte ihn völlig aus der Fassung. Eigentlich waren sie sich ja fremd, und doch benahm sie sich so, als kenne sie ihn schon seit einer Ewigkeit. Einerseits fühlte er sich mit einem Schlag um Jahre verjüngt, andererseits war er ganz verwirrt. Schließlich war er ein Waisenkind. Er glaubte, dass seine Eltern ihn im Stich gelassen hatten, weil er nicht gut genug für sie war. Er glaubte, die Güte und Großmut von Seele nicht wert zu sein. Sieht sie das denn nicht? Liegt das nicht für jeden klar auf der Hand? Er hielt diese Begegnung für eine Art Irrtum des Himmels. Wie konnte Gott ihm diesen Engel schicken?

Ego war sprachlos. Wenn es sich hierbei tatsächlich um einen göttlichen Irrtum handelte und es Seele eigentlich bestimmt war, jemand anderen zu treffen, sollte er ihr das sofort sagen. Aber er brachte es nicht fertig. Er schaute ihr einfach nur stumm in die Augen, die ihn völlig in ihrem Bann hielten. Trotz seines inneren Aufruhrs konnte Ego seine Gefühle nicht bezähmen. Er hatte sich in sie verliebt. Hatte sie ihn verzaubert? In dem Moment beschloss er, sich als dieses andere Wesen auszugeben, mit dem sie ihn offensichtlich verwechselt hatte. Vielleicht findet sie es ja nie heraus, hoffte er.

Seele lächelte. »Du hast dich überhaupt nicht verändert«, sagte sie leise.

»Wie bitte?« Der Klang ihrer Stimme holte ihn aus seinem emotionalen Aufruhr in die Gegenwart zurück.

»Ich bin froh, dass wir uns endlich treffen«, antwortete sie mit bezaubernder Liebenswürdigkeit.

Insgeheim war Seele glücklich darüber, wieder mit ihm vereint zu sein. Ego wollte sie beeindrucken, statt ihr zu zeigen, dass er sich auf den ersten Blick in sie verliebt hatte. So sehr befürchtete er, dass sie eines Tages herausfinden würde, dass er nicht der Richtige für sie war. Und wenn sie entdeckte, wer er in Wahrheit war, dachte er, würde sie ihn niemals lieben oder ihm auch nur mit ihrer reinen Unschuld in die Augen sehen können.

Ego *wollte* von ihr geliebt werden – so sehr, dass es ihm innerlich wehtat. Er hielt Seele für ein sehr zerbrechliches Wesen. Wie konnte sie die Härte der irdischen Existenz überstehen, wenn er sie nicht davor bewahrte? Genau in diesem Augenblick machte er es zu seinem einzigen Lebenszweck, sie um jeden Preis zu beschützen. Er schwor sich, dass er alles, wirklich alles tun würde, um für ihr Überleben zu sorgen, auch wenn ihm das furchtbares Leid bringen würde. Er wollte ihr ergebener Diener sein.

Seine Liebe zu ihr war so überwältigend, so besitzergreifend, dass er sie am liebsten in einen goldenen Käfig gesperrt hätte, um sie zu beschützen, wie er meinte, statt ihr die Freiheit zu geben, ihre wunderschöne Gegenwart auch auf alle anderen Wesen scheinen zu lassen. Ego wusste, was für eine kalte Welt die Erde sein konnte – wie grausam die Menschen waren und wie viel Leid man auf dieser Welt zu ertragen hatte. Er wollte nicht, dass Seele diese Härte und dieses Leid in ihrer ganzen Tragweite erleben musste. Wenn er ihr diesen Schmerz ersparen könnte, wäre das für ihn die größte Ehre.

»Ist mit dir alles in Ordnung?,« fragte Seele ihn in sanftem, liebevollem Ton. »Du wirkst so in Gedanken versunken.« Sie genoss dieses Wiedersehen mit ihrem von Angst verzehrten Krieger. Sie wusste genau, was er alles tun würde, um sie vom Leben fernzuhalten, sodass sie nicht daran teilhaben konnte. Aber sie liebte Ego bedingungslos und wusste, dass sie sein Vertrauen nur in kleinen, vorsichtigen Schritten gewinnen konnte.

»Ich … Ich habe mir nur überlegt …«, setzte Ego zu einer Antwort an.

»… dass du jetzt eigentlich einen Spaziergang mit mir machen solltest?«, fiel sie ihm ins Wort.

Ego nickte. »Ja.« Er stimmte ihrem Vorschlag eifrig zu. Er wusste, dass er zu schwarzseherisch war, und wollte ihnen beiden diesen Augenblick nicht verderben.

Und so vergingen die Jahre. Ego und Seele verbrachten viel Zeit zusammen. Sie redeten und lachten miteinander und liebten einander immer mehr. Doch jedes Mal, wenn sie ihn dazu einlud, ihre Familie zu besuchen, erfand er irgendeine Ausrede, warum er nicht bereit dafür war. Sie waren so eng miteinander verbunden, und doch fühlte es sich an, als seien sie meilenweit voneinander getrennt. Sie wusste, dass es Geheimnisse gab, die er vor ihr verbarg. Es machte sie traurig, dass er ihr immer noch nicht ganz vertraute.

Ihr Liebesleben war wunderschön, doch mit der Zeit machte Seele sich Sorgen darüber, dass sie in dieser Beziehung keine Stimme hatte. Sie hatte das Gefühl, dass Ego von ihr erwartete, sie solle glücklich und zufrieden in dem goldenen Käfig leben, den er um sie herum errichtet hatte, um sie zu beschützen. Sie fing an, sich gefangen zu fühlen. Und jedes Mal, wenn sie versuchte, mit ihm darüber zu sprechen, hatte Ego eine gute und logische Erklärung dafür, warum es am besten so war; und jedes Mal, wenn sie Ego bat, ihre Familie kennenzulernen, lehnte er ab.

Eines Tages wurde Ego schwerkrank. Er war ans Bett gefesselt, und zu seinem großen Entsetzen konnte er Seele jetzt nicht mehr wie gewohnt beschützen, indem er ihr befahl, was sie tun sollte, um in Sicherheit zu bleiben.

Eigensinnig, wie sie war, wandte Seele sich an ihre Seelenfamilie und bat sie um Hilfe. Daraufhin kamen ihre Seelenangehörigen oft zu Besuch, aber Ego konnte sie mit seinen irdischen Augen nicht sehen. Sie standen Seele bei und zeigten ihr Mitgefühl. Ego begegnete ihnen nur in seinen Fieberträumen. In solchen Träumen ließ er sich vom Mitgefühl dieser Angehörigen liebevoll umsorgen. Es war ein gutes Gefühl, eine so große Familie zu haben. Ego gab sich den Visionen, die er für Halluzinationen hielt, begeistert hin. In seinem innerlich erwachten Zustand zwang ihn seine Schwäche, Seeles Hilfe anzunehmen. Er spürte, dass er dem Tod nahe war, und wusste genau: Wenn eine Flamme erlischt, dann erlischt auch die andere. Ihre Reise beginnt und endet gemeinsam.

»Ich will nicht, dass dir etwas passiert. Ich liebe dich so sehr«, flüsterte er.

Sie streichelte sein Gesicht und sah ihm tief in die müden Augen. »Ich liebe dich auch.« Tränen stiegen in ihr auf. Sie machte sich Sorgen darüber, ihn zu verlieren, hielt aber trotzdem an jedem noch so kleinen Hoffnungsschimmer fest, dass dies hier vielleicht doch nicht das Ende sein würde. »Kannst du mir etwas versprechen?« fragte sie ihn eindringlich.

»Alles«, antwortete er mit schwacher Stimme.

»Versprich mir, dass du einverstanden bist, meine Familie kennenzulernen, wenn du wieder gesund wirst.«

»Aber ...« Selbst auf dem Sterbebett wehrte er sich noch gegen diesen Gedanken, und sie fragte sich, warum das wohl so war. Warum wollte er ihre Familie nicht kennenlernen? Warum machte er ihr deshalb solche Schwierigkeiten? Ihre Augen vergossen Tränen.

Langsam hob er die Hand, um ihre Wange zu berühren und sie zu trösten. Er wusste, dass er sterben würde, trotzdem konnte er es nicht ertragen, sie so traurig zu sehen.

»Wenn ich das hier überlebe, werde ich deine Familie treffen«, flüsterte er.

Bei diesen Worten erschrak sie beinahe. »Versprich es mir!«, drängte sie. »Versprich mir, dass du dich mit meiner Familie treffen wirst, Ego!«

Mit allerletzter Kraft flüsterte er: »Ich verspreche es.« Dann schwand ihm das Bewusstsein, und er schloss die Lider. Aber sein Puls schlug nach wie vor. »Es gibt also doch Hoffnung«, dachte Seele.

Sie trat mit ihrer Seelenfamilie in Kontakt. »Liebe Seelenfamilie, bitte hört mich an«, flehte sie. »Ich bitte euch um Hilfe. Bitte rettet Ego.«

Daraufhin waren die beiden in Sekundenschnelle von Lichtwesen umgeben. »Warum möchtest du, dass wir ihn retten? Aus welchem Grund?«

»Weil ich ihn liebe«, antwortete Seele.

Da warfen die Lichtwesen ihr mitfühlende Blicke zu. »Menschliche Liebe ist kein ausreichender Grund. Menschliche Liebe kommt und geht, das weißt du doch, Seele.« Und sie wiederholten ihre Frage: »Warum möchtest du, dass wir ihn retten? Aus welchem Grund?«

»Weil ich ihn liebe!«, stieß sie schluchzend hervor.

Da streckten die Lichtwesen ihre Arme aus und hüllten Seele in ein rosafarbenes Licht. »Wir lieben dich bedingungslos, göttliches Kind. Du weißt, dass du Ego so oft und in so vielen Existenzen in einem menschlichen Körper wiedertreffen kannst, wie du möchtest. Aber wenn seine Zeit um ist, musst du dich von ihm verabschieden und auf eine andere Inkarnation warten, in der ihr wieder vereint sein werdet. Für uns spielt Zeit keine Rolle. Hundert Jahre auf der Erde fühlen sich für uns an wie ein Tag. Du bist eine von uns, das weißt du doch. Warum bittest du uns diesmal um seine Rettung? Aus welchem Grund?«

Als Seele erkannte, dass die Sorgen ihren Verstand trübten, beruhigte sie sich ein wenig. Erinnerungen an ihre Seelenverletzungen aus früheren Verbindungen mit Ego stiegen in ihr auf, und diese Gedanken belasteten sie sehr. Sie hoffte, dass es ihnen dieses Mal gelingen würde, einen wichtigen Teil ihres gemeinsamen Lebens zu heilen. Doch nun schien die Zeit dafür knapp zu werden. Sie erinnerte sich wieder an das viele menschliche Leid und all die schmerzlichen Trennungen durch den Tod, die sie beide bereits erlebt hatten, und ihr war zumute, als müsse sie ersticken.

Mehrmals atmete sie tief durch, ganz langsam, und plötzlich hörte sie den Satz, den ihre Seelenfamilie ständig wiederholte, noch einmal: *Warum möchtest du, dass wir ihn retten? Aus welchem Grund?* Sie wusste, dass ihre Seelenangehörigen ihr einen Wunsch erfüllen konnten – aber nur, wenn sie einen guten Grund dafür hatte. Sie erinnerte sich an den Spruch aus dem alten Buch: Wenn man eine höhere Mission verfolgt, um anderen zu dienen, hat man einen Grund zum Leben.

»Er ist bereit, sich zu verändern und euch zu treffen. Er ist bereit, am Aufstieg mitzuarbeiten, und wird mit seinem Handeln andere inspirieren, die genauso sind wie er«, platzte sie heraus.

Daraufhin kehrte Ruhe ein. Es war für sie fast unerträglich. Aller Blicke waren auf sie gerichtet!

»Wenn es ihm besser geht, wird er euch kennenlernen, und ihr könnt ihn belehren.« Selbstbewusst und aufrecht stand sie da, wischte sich über die feuchten Wangen und strich sich das Haar glatt.

»Ist dir bewusst, liebes Kind, dass du gemeinsam mit ihm furchtbare Konsequenzen erleiden wirst, wenn du dich geirrt hast?«

»Ja, ich bin mir der Tragweite meiner Entscheidung voll und ganz bewusst.«

Da trat eine Frau mit leuchtender Aura in hellblauem Kleid vor, und ihre Hände formten anmutig eine Reihe von Mudras. Licht strömte aus ihren Fingern in Egos Bauch. Sie legte ihm eine Hand auf den Bauch, die andere auf die Stirn und stimmte einen Sprechgesang in der Sprache des Lichts an. Dann griff sie in ihr Gewand und zog ein Stück Papier hervor.

»Hier ist ein Rezept für ein pflanzliches Heilmittel aus der Akasha-Chronik, um Ego zu heilen, liebe Seele. Meditiere mit Mutter Erde und bitte sie um ihren Segen für diese Heilpflanzen. Gib sie ihm sieben Tage lang ein. Er wird wieder ganz gesund werden. Du hast drei Monate Zeit, bis wir uns wiedersehen. Aber denke daran: Du darfst ihm nicht sagen, dass wir ihn geheilt haben. Er muss uns aus freiem Willen kennenlernen wollen.«

»Ich bin euch so dankbar. Danke«, flüsterte Seele.

Die Lichtwesen verschwanden genauso schnell wieder, wie sie gekommen waren. Danach war Seele allein mit Ego, der nun friedlich schlief. Mit zitternden Händen strich sie ihm übers Haar. Sie konnte immer noch nicht so recht begreifen, dass ihr Schicksal sich in den letzten Minuten dermaßen schlagartig geändert hatte.

»Ich habe für dich gekämpft«, erklärte sie ihm. Sie wusste, dass er sie nicht hören konnte. »Normalerweise kämpfe ich nie. Ich warte immer nur und warte und warte auf ein anderes Leben, auf eine andere Gelegenheit. Aber diesmal habe ich für uns gekämpft, und sie sind gekommen. Sie haben uns geholfen.« Eine Zeit lang saß sie einfach nur still da und sah ihn an. »Ich hoffe, du wirst auch für uns kämpfen«, sagte sie dann.

Da bewegte er sich, und sie erschrak. »Ich komme gleich wieder und bringe dir deine Medizin.« Sie küsste ihn auf die Stirn und ging.

Nach einer einzigen Woche war Ego geheilt. Alle hielten es für ein Wunder.

»Ich verstehe nicht, wie das passiert ist. Eines Tages lag ich im Sterben, und dann ist irgendetwas geschehen. Ich kann mich nicht mehr genau erinnern, was es war, aber danach ging es mir allmählich immer besser«, sagte Ego.

»Erinnerst du dich an das Versprechen, das du mir gegeben hast, Ego?«, fragte Seele.

»Hmm?« Ego warf ihr einen verwirrten Blick zu.

»Du hast mir versprochen, dass du bereit bist, meine Familie kennenzulernen, wenn es dir wieder besser geht«, erinnerte sie ihn mit ernster Miene.

»Daran kann ich mich nicht erinnern«, fuhr er sie an. Begriff sie es denn nicht? Er *konnte* ihrer Familie nicht begegnen. Er war ein Schwindler und hatte ihre Tochter irgendeinem tollen Typen weggeschnappt, der auf sie gewartet hatte. Wie konnte er sich jetzt einfach vor sie hinstellen und ihnen in die Augen sehen?

»Ich war zu krank, um irgendwelche Versprechungen zu machen. Bitte, liebe Seele, komm, lass uns nicht streiten. Ich hatte solche Angst davor, dich zu verlieren. Das könnte ich nicht ertragen«, sagte er, denn er wollte nicht zugeben, dass er sich in Wahrheit doch noch an sein Versprechen erinnerte.

»Und *ich* soll das können? Ich soll einfach glücklich und zufrieden damit sein? Weißt du, was für Sorgen ich mir um dich gemacht habe?«

Ratlos stand Ego da. Er hatte Seele noch nie verärgert gesehen. »Lass uns ein anderes Mal darüber reden.«

Sie nickte und ging in ihr Zimmer. Die Tür schloss sich hinter ihr, und Ego war allein. Er stieß einen lauten Seufzer aus. Was sollte er bloß tun? Schließlich gab er sein Bestes, um sie zu beschützen, sie zufriedenzustellen, sie glücklich zu machen. Nur leider schien es nicht besonders gut zu funktionieren.

Zwei Tage lang weigerte Seele sich, ihr Zimmer zu verlassen. Sie schloss sich darin ein. Zuerst klopfte er an. Dann flehte er sie an. Dann drohte er ihr. Dann bettelte er wieder. Er war wütend. Er schrie, dass er die Tür aufbrechen würde, doch es half alles nichts. Ego hatte ein schlechtes Gewissen und war todunglücklich.

»Ich glaube, ich werde wieder krank!«, schrie er in seiner Hoffnungslosigkeit, damit sie auf ihn hörte.

Am dritten Tag verließ Seele ihr Zimmer und sah blass und gebrechlich aus. »Wenn du meine Familie nicht kennenlernen kannst – von mir aus. Aber ich kann dir dann auch keine Ehefrau mehr sein, die dich in deinen Vorhaben unterstützt. Ich werde hier bleiben, bis unsere Zeit vorbei ist, und du kannst tun, was du in diesem Leben zu erledigen hast. Aber von jetzt an wird das einzig und allein deine Mission sein. Ich werde hier auf dich warten, wie ich es schon in so vielen Leben getan habe.«

»Was?«, fragte Ego. Es brachte ihn fast um, sie so gebrechlich zu sehen, die Augen vom Weinen gerötet. Doch bei diesen Worten vergoss sie keine Tränen. Was hatte er nur getan? »Du verstehst mich nicht, Seele.«

»Oh doch. Ich verstehe dich sehr gut.« Ihre Stimme klang kühl. »Du hast zu große Angst davor, meine Familie kennenzulernen. Du meinst, du bist es nicht wert – nicht gut genug für mich. Du glaubst, dich weiter verstecken zu müssen, damit diejenigen, die mir wichtig sind, nie etwas von deiner Existenz erfahren.«

Bei diesen Worten verschlug es ihm den Atem. Hatte sie die ganze Zeit über gewusst, dass er ein Hochstapler war?

Doch bevor er seine Gedanken sammeln konnte, fuhr sie fort. »Warum, Ego? Warum muss immer alles nach deinem Willen gehen? Warum siehst du in mir nichts weiter als ein hübsches, schwaches kleines Ding? Bin ich nur ein unbedeutender Talisman für dich? Glaubst du, dass ich ohne deinen ständigen Schutz nicht überleben kann?« Sie stellte sich vor ihn hin. »Warum leidest du unter diesem Verfolgungswahn? Warum gerätst du bei jeder Kleinigkeit in Panik?«

»Du kennst diese Welt nicht!«, schrie er. »Du weißt nicht, was ich gesehen habe – das, wovor ich dich beschützen muss. Du denkst, dass alles nur aus Liebe und Licht besteht, aber du irrst dich. Diese Welt ist grausam. Nur Leid und Angst erhalten uns am Leben. Man muss kämpfen, um zu überleben!«

»Und was ist mit der Liebe?«, unterbrach sie ihn ungeduldig.

»Liebe kommt auf dieser Welt nur selten vor«, antwortete er frustriert.

»Aber du hast sie gefunden – *wir* haben sie gefunden. Oder etwa nicht?«

Das Gefühl der Scham fühlte sich an wie ein scharfes Messer, das sich in seinem Bauch herumdrehte. Er musste ihr die Wahrheit sagen. Das war er ihr schuldig!

»Ich habe sie gestohlen!«

»Du hast *was* gestohlen?«, fragte sie und schaute ihn verwirrt an.

Da setzte er sich hin, barg sein Gesicht in den Händen und legte mit müder, stockender Stimme sein Geständnis ab.

»Ich habe die Liebe gestohlen. Ich war von Anfang an nicht dazu bestimmt, dein Mann zu sein. Im Himmel muss ein Fehler passiert sein. Schau dich doch an, Seele! Du bist schön, intelligent und gutherzig. Wie könnte der Himmel dich mir zur Frau geben? Ich bin ein Verlierer. Ich wurde kurz nach meiner Geburt zur Adoption freigegeben. Meine Eltern wollten nichts von mir wissen. Ich weiß nicht mal, wer sie sind. Ich habe an düsteren Orten gelebt und Dinge getan, die ich am liebsten wieder vergessen würde.

Aber ich habe mich auf den ersten Blick in dich verliebt. Du hast in mir Gefühle geweckt, deren ich mich nie für fähig gehalten hätte. Ich wollte nicht, dass jemand anders dein Ehemann wird. Also habe ich dich gestohlen, um dich für mich zu behalten. Ich hätte dir sagen sollen, dass das ein himmlischer Irrtum war. Du warst wahrscheinlich dazu bestimmt, jemand anderem zu begegnen. Ich bin sicher, es war dir bestimmt, den zu finden, der dir alles gibt, was du in diesem Leben verdienst.«

»Hmm ... Was verdiene ich denn, Ego?«, fragte sie.

»Viel mehr Reichtum, als ich dir geben kann. Ein schönes Haus. Mehr Geld – so viel Geld, dass du all die Orte besuchen kannst, von denen du immer redest.«

»Willst du damit sagen, dass du eher ein geeigneter Ehemann für mich wärst, wenn du reich wärst, aus einer angesehenen Familie stammtest und die richtige Erziehung genossen hättest? Könntest du meiner Familie dann in die Augen sehen und ein gutes Gefühl dabei haben?«

»Ja«, sagte er langsam. Warum hatte er plötzlich das Gefühl, sich seiner Antworten gar nicht mehr so sicher zu sein? Und ... Warum war sie so ruhig?

»Und was ist mit der Liebe, Ego? Was wäre, wenn dieser wahnsinnig erfolgreiche Mann, der du so gern sein möchtest, mich nicht lieben würde?«

»Das täte er ganz bestimmt«, widersprach Ego im Brustton der Überzeugung.

»Wirklich? Würde er mich so lieben wie eines seiner Besitztümer, wie irgendeinen Einrichtungsgegenstand in seinem eleganten Büro? Wäre das eine obsessive Liebe mit Wünschen und Bedürfnissen? Wäre ich die …«, sie hielt ein paar Sekunden lang inne, »…die Glückliche, die die Ansprüche dieses Mannes erfüllen könnte?«

»So habe ich es nicht gemeint«, widersprach er gekränkt.

»Sag mir die Wahrheit!«, verlangte sie. »Hast du dich in mich verliebt, weil du dachtest, ich stamme aus der richtigen Familie?«

»Nein.«

»Warum hast du dich in mich verliebt?«, fragte sie.

Er schluckte. Seine Stimme war kaum hörbar. »Ich … Ich habe dir in die Augen geschaut, und du hattest so etwas Vertrautes, Tröstliches an dir. Ich hatte das Gefühl, dich zu kennen. Als wärst du eine gute Freundin, die ich schon lange nicht mehr gesehen hatte. Als könnten wir einfach da weitermachen, wo wir beim letzten Mal aufgehört haben.

Ich verstehe nicht einmal so richtig, was ich empfunden habe, Seele. Ich hatte einfach das Gefühl, für immer an deiner Seite sein zu müssen. Selbst wenn ich nicht dein Geliebter wäre, würde ich mich damit abfinden, einfach nur dein Freund zu sein. Als du mir deine Zuneigung zeigtest, war ich der glücklichste Mann der Welt. Ich respektiere dich und möchte dich beschützen, Seele. Ich würde für dich sterben. Ich würde alles für dich tun.«

»Alles?«

»Ja, alles«, sagte er voller Überzeugung.

»Und wenn ich dir sagen würde, dass ich dich nicht liebe, würdest du mich dann gehen lassen?«

Er schwieg für eine Weile, doch dann sagte er: »Das wäre sehr schwer für mich, und wahrscheinlich würde es mich umbringen. Aber du hast mich gelehrt, dass es bei der Liebe nicht um Wünsche und Bedürfnisse geht.

Wenn ich dich nur für mich selbst haben wollte, ohne Rücksicht auf deine Gefühle, würde ich dich wie einen Vogel im Käfig gefangen halten. Und genau das habe ich ja auch wirklich getan. Es tut mir leid. Kannst du mir verzeihen?

Ich weiß, du warst ein trauriger Vogel. Eigentlich solltest du frei sein. Du kannst gehen. Es tut mir leid, dass ich dich hier bei mir eingesperrt habe.«

»Was sagst du da, du Dummkopf?« Ihre Augen weiteten sich.

»Ich weiß, dass ich dir meine Liebe aufgedrängt habe. Das war ein Fehler von mir. Jetzt bist du frei.« Er versuchte seine Tränen zu unterdrücken. Die Vorstellung, sie zu verlieren, erschien ihm fast unerträglich.

»Ich weiß nicht, wie du auf diese Idee kommst. Du irrst dich!«

»Was?« Er zog die Augenbrauen hoch.

Mit einem tiefen Seufzer und einer kurzen, aber dramatischen Pause fuhr sie fort: »Ich weiß genau, dass ich deinetwegen auf die Welt gekommen bin. Ich bin mit dir zusammen, weil ich dich liebe, und nicht, weil ich muss. Sonst würde ich die ganze Zeit in meinem Zimmer sitzen und nichts von dir wissen wollen. Wir haben früher tatsächlich einmal so eine Existenz erlebt.«

»Was?«, stieß er wieder hervor. Mehr fiel ihm nicht ein.

»Aber das spielt jetzt keine Rolle mehr«, fuhr sie fort. »Du bist unglaublich – klug, gütig und einfallsreich. Du bist mein Mann, mein Held und mein Ein und Alles! Du bist es wert, geliebt zu werden. Du verdienst es, erfolgreich zu sein und dass sich alle deine Wünsche und Träume erfüllen. Ich möchte dir dabei helfen. Ich möchte dir bei allem, was wir tun, eine gleichberechtigte Partnerin sein.«

»Wirklich?«, fragte er ganz aufgeregt.

Da ging sie zu ihm hinüber, und sie fanden einander in der Umarmung, nach der sich beide so sehr gesehnt hatten.

»Und, Ego« – sie hob das Kinn und sah ihm in die Augen –, »meine Familie ist auch deine Familie. Bitte sag, dass du bereit bist, sie kennenzulernen.«

Er zögerte einen Moment. »Na gut«, sagte er schließlich. Ihre übrigen Worte gingen in einem tiefen, leidenschaftlichen Kuss unter.

Ein paar Tage später trafen die beiden mit Seeles Familie zusammen. Ego war sehr nervös, aber Seele strahlte vor Glück. »Mach dir keine Sorgen – sie werden dich lieben«, sagte sie. Doch Ego knirschte nur mit den Zähnen. Das schlechte Gewissen zerriss ihn förmlich. Ihm gingen beängstigende Gedanken durch den Kopf, die seinen alten Verfolgungswahn wieder weckten. Er fühlte sich ganz schwach. »Wenn doch alle Emotionen aufhören oder in mir zu Eis erstarren könnten«, dachte er, »und wenn auch nur für ein paar Sekunden«.

»Na komm schon, Ego. Was könnte denn schlimmstenfalls passieren?«, fragte sie ihn, als sie sein gequältes Gesicht sah.

»Sie könnten mich ablehnen, und dann würdest du erkennen, was für einen Fehler du gemacht hast.«

»So etwas kann natürlich immer passieren«, grinste sie. »Und wie wäre dir dabei zumute, Ego?«

»Schlecht.« Die Ironie der Situation brachte ihn beinahe zum Lachen. »Dann hätte ich wahrscheinlich endlich einen guten Grund für die Scham, die Schuldgefühle, die Angst und die Wut, die ich jetzt empfinde. Ich wünschte wirklich, ich wäre jemand anderes, jemand, der besser ist für dich«, sagte er wahrheitsgemäß.

»Ich liebe dich, Ego. Du brauchst dir wirklich keine Sorgen zu machen.«

In dem Moment erschien ein goldenes Portal vor ihnen. Ego schob Seele hinter sich und versuchte, sie mit seinem Körper abzuschirmen. »Was ist das?«, rief er in panischer Angst.

»Mach dir keine Sorgen, Ego. Das ist so etwas Ähnliches wie ein Fahrstuhl, der uns zu meiner Familie bringt. Nichts, wovor du Angst haben müsstest.« Sie lächelte.

»*Was?*«

»Komm einfach mit.« Sie zog ihn an der Hand in einen Aufzug mit goldenen Türen hinein. Sie fuhren nach oben, und als der Aufzug anhielt und seine Türen sich öffneten, gingen sie hinaus – und betraten etwas, was für Ego eine magische Welt war.

Dort begaben sich zu einem Zwillingsflammentempel. Seele drückte aufgeregt Egos Hand. Ego war innerlich auf das Schlimmste vorbereitet, aber nicht auf das, was er jetzt zu sehen bekam: einen Tempel von erhabener Schönheit.

Ihm schwirrte der Kopf.

Und da traten die Lichtwesen ein. Ihm blieb gar keine Zeit mehr zum Nachdenken – es ging alles so schnell. Er wusste nur, dass er sich nicht auf der Erde befand. Hatte er das alles vielleicht nur geträumt?, fragte er sich.

»Willkommen im Zwillingsflammentempel, liebe Seele, liebes Ego. Bitte setzt euch und genießt die Erfrischungen, die wir für dieses freudige Zusammentreffen vorbereitet haben.«

Seele setzte sich hin, aber Ego stand einfach nur da und starrte die Lichtwesen ungläubig an. »Ihr existiert also tatsächlich«, sagte er schließlich.

»Wie wir sehen, erkennst du uns. Das freut uns.«

»Ihr habt mich geheilt, als ich krank war. Ich hielt das einfach nur für Halluzinationen, doch in Wahrheit wart ihr es. Ihr habt mir das Leben gerettet. Ich danke euch dafür.« Er verneigte sich vor ihnen. »Ich bin euch für immer und ewig dankbar. Seid ihr Götter?« Diese Frage konnte er sich nicht verkneifen.

»Bitte setz dich.« Sie machten einladende Gesten mit den Händen, bis Ego ihrer Aufforderung endlich nachkam.

»Durch unsere Begegnung von Angesicht zu Angesicht sind alte Erinnerungen in dir wach geworden. Wir sind Seeles Familie und gleichzeitig auch deine Familie. Wir lieben dich von ganzem Herzen. Weil du dich freiwillig bereit erklärt hast, dich mit uns zu treffen, wurde dir die Erinnerung geschenkt.«

Ego betrachtete die Lichtwesen staunend, während Seele lächelte. »Vielleicht ist das ja auch wieder nur ein Traum«, dachte er und zwickte sich in den Arm, um daraus zu erwachen.

»Wir sind genauso real wie du, Ego. Du bist ein Lichtwesen, das seine Göttlichkeit geopfert hat, um dich in der dreidimensionalen Welt der Erde zu verankern. Seele ist deine Zwillingsflamme. Ihr trefft euch bei jeder Inkarnation aufs Neue in körperlicher Gestalt. Du trägst die tierische dreidimensionale Energie in dir, und Seele ist Sitz der göttlichen fünfdimensionalen Energie. Deine schöpferische Willenskraft wird durch den Motor des Leidens angetrieben. Die schöpferische Willenskraft von Seele wird durch bedingungslose Liebe angetrieben. Jedes Mal, wenn der Körper am Ende seiner Reise angelangt ist, bleibst du auf der Erde zurück, während Seele zu uns zurückkehrt, um sich zu regenerieren. Eure wahren Eltern sind Lichtwesen, die ihre Energie in der irdischen Welt verankert haben. Die Mission von Seele besteht darin, dir dabei zu helfen, Liebe zu finden – keine romantische oder lüsterne Liebe, sondern bedingungslose Liebe –, damit ihr beide die Verletzungen heilen könnt, die ihr während dieser irdischen Existenzen erlitten habt. Sobald eure Verletzungen geheilt sind, könnt ihr euch entscheiden, gemeinsam hierher zurückzukehren.

Wir wissen, dass die irdische Welt dich immer wieder vergessen lässt, wer du bist, Ego. Dagegen können wir nichts tun; doch vorläufig – in unserer Gegenwart – können wir dafür sorgen, dass all deine alten Erinnerungen wieder in dir aufsteigen. Wir können dir von allen früheren Leben berichten, die du zusammen mit Seele erlebt hast, damit du etwas daraus lernen und sie heilen kannst.

Wenn du deine Vergangenheit heilst, sammelst du die fehlenden Teile deiner unendlichen Seele ein. Diese Teile enthalten die Geheimnisse deines wahren, ursprünglichen Seelengedächtnisses – deiner Macht. Möchtest du, dass wir das für dich bewirken?«

Ego verstand alles, was sie sagten. Es ergab tatsächlich einen tieferen Sinn für ihn. »Ja«, antwortete er.

»Dann mach die Augen zu und atme tief ein und aus.« Sie lenkten die Energie in sein Drittes Auge hinein.

Plötzlich hatte Ego das Gefühl, sich in Gegenwart eines großen Geistes zu befinden, und das war eine ganz unglaubliche Energie. Ihm war, als wüsste er auf Anhieb Antworten auf alle Fragen, die ihm gestellt wurden. Mit seinem Dritten Auge konnte er die Erde und die Entwicklung der Menschen von Anfang an bis zum heutigen Tag sehen.

»Du befindest dich in der Gegenwart des Universalen Geistes. Es ist dein Geburtsrecht, auf diese Fülle von Informationen zuzugreifen. Wenn ihr wieder in euren Körper zurückkehrt, müsst ihr beide – Seele und du – gemeinsam daran arbeiten, diese Energie in vollem Umfang zu erreichen, so wie ihr es jetzt gerade tut. Wir glauben, dass ihr die Fähigkeit dazu erlernen werdet.«

Dann gaben die Lichtwesen Seele ein Zeichnen. »Bitte öffne deine Energie, damit Ego voll und ganz mit der Energie der Kosmischen Liebe in Verbindung treten kann.«

Seele legte eine Hand auf ihr Herz und die andere auf Egos Herz und schlug ihm vor, es ihr nachzutun. Er folgte ihrer Aufforderung. »Schau mir tief in die Augen«, flüsterte sie.

Da wurde Ego ganz unerwartet von einer überwältigenden Welle der Liebe durchströmt.

Er konnte nicht mehr denken. Er erlebte das Nirwana. Tränen traten ihm in die Augen, doch ihm war gar nicht bewusst, dass er weinte. Er konnte seine Eltern und die bedingungslose Liebe spüren, die sie ihm entgegenbrachten.

Er empfand Liebe zu allem und jedem, auch zu sich selbst.

Er spürte, wie alles kollektiv miteinander verbunden ist und wie alles aus der Liebe heraus lebt, blüht und gedeiht.

Selbst der Universale Geist lebt von dieser kollektiven Liebe. Er begriff, dass man nicht mehr an Kriegen oder militärischen Konflikten teilnehmen möchte, wenn man diese Ebene bedingungsloser Liebe entdeckt hat – wenn man erst einmal so weit ist, würde man das Wissen, das man vom Universalen Geist empfangen hat, niemals missbrauchen.

Man würde einfach nur dienen und den Rest seines Lebens der Rettung anderer Lichtwesen widmen wollen, die sich in der irdischen Dimension verirrt haben.

Ego weinte still vor sich hin, aber es waren Tränen der Freude und des Glücks – ein Symbol des Verständnisses und der Liebe zur ganzen Schöpfung.

»Du bist nicht in der irdischen Welt gefangen, Ego. Keiner von euch beiden ist es. Erkennst du das jetzt?«

»Ja. Danke, dass ihr mir das gezeigt hat«, sagte er unter dem Eindruck größter Demut.

»*Wir* danken *dir* dafür, dass du diesen Glaubenssprung gewagt hast – dass du deine begrenzten irdischen Vorstellungen loslässt und auf Seeles Führung vertraust.«

»Warum kann das nicht jeder erkennen?«, fragte Ego.

»Jeder besitzt die Fähigkeit, uns zu begegnen und Wissen zu erlangen. Doch dazu muss man erst einmal bereit sein, sich von seinen vorgefassten Meinungen zu lösen und an diesen Ort führen zu lassen. So wie du dich von Seele führen ließest. Man könnte es so ausdrücken, dass man sich zunächst selbst verlieren muss, bevor man sich wiederfinden kann. Bevor man sein ursprüngliches Selbst wiederentdecken kann, muss man loslassen und sein Höheres Selbst in sich hineinlassen. Man kann den Universalen Geist nicht erreichen, ohne bedingungslose Liebe zu seiner wichtigsten schöpferischen Kraft zu machen.

Hin und wieder geben wir einzelnen Wesen Zugang zu bestimmten Informationen, mit deren Hilfe sie der Menschheit neue Erfindungen bringen könnten. Wir hoffen, dass die Menschen diese Erfindungen nutzen werden, um etwas zu erschaffen anstatt zu zerstören. Alles unterliegt dem Gesetz von Ursache und Wirkung. Was du heute tust, wird eine große Wirkung auf dich und andere Menschen haben. Die Entscheidung, ob du dieses Wissen annehmen oder zurückweisen möchtest, liegt ganz bei dir.

Du und Seele, ihr seid auf einer kollektiven Mission, und diese Mission ist noch nicht vorbei. Du wirst in den Körper zurückkehren und entscheiden müssen, wie es weitergeht. Wenn du beschließt, mit Seele zusammenzuarbeiten und dich von ihr führen zu lassen, könnt ihr eure Fähigkeiten weiterentwickeln und euer Seelengedächtnis zurückgewinnen. Nicht als Individuum, sondern als Paar aus zwei gleichwertigen Partnern. Ihr könnt der Menschheit dienen und dabei alle möglichen Arbeiten verrichten, solange ihr das mit bedingungsloser Liebe tut.

Gemeinsam werdet ihr eure Vergangenheit heilen und euch Seite an Seite weiterentwickeln. Dann, am Ende eures Lebens, wenn euer körperliches Gefäß sich auflöst und eure Arbeit getan ist, könnt ihr gemeinsam nach Hause zurückkehren. Ihr könnt aber auch auf die Erde zurückkommen, alles vergessen, was heute an diesem Ort passiert ist, und ein ganz gewöhnliches Leben führen – ohne inneres Wachstum.«

»Ich möchte mich gemeinsam mit Seele weiterentwickeln«, sagte Ego ganz ruhig.

»Wenn das deine freie Willensentscheidung ist, dann bist du wirklich und wahrhaftig mit Seele verheiratet. Wir wollen das in deinem Buch des Lebens festhalten.

Von heute an werden Egos Verstand und Seeles Emotionen synchron miteinander arbeiten. Der Körper, in dem du wohnst, kann alles manifestieren, was ihr beide euch wünscht. Die Wahl liegt stets bei dir.

Wir würden dir nie etwas befehlen, aber wir werden dich stets in deinen höchsten Bestrebungen unterstützen. Du bist für immer und ewig gesegnet. Du wirst geliebt – bedingungslos. Du wirst vom ganzen Universum unterstützt. Und jetzt ist es für dich an der Zeit, zurückzukehren.«

»Werde ich mich an all das hier überhaupt erinnern?«, fragte Ego plötzlich.

»Du wirst einen Teil davon im Gedächtnis behalten. Schließlich hattest du ziemliche Angst davor, hierherzukommen.«

»Ja, das stimmt«, lächelte Ego.

»Du wirst dich an die wichtigsten Teile unserer Begegnung erinnern, damit du dich auf diese wunderbare Reise begeben kannst. Seele wird dir helfen, diese Erinnerungen zurückzuholen. Arbeitet in harmonischem Gleichgewicht zusammen! Habt keine Angst davor, sowohl positive als auch negative Emotionen zu erleben. Beobachtet sie, versteht sie, lernt etwas daraus und wachst daran. Seid anderen Menschen ein Vorbild.«

»Danke«, sagten Ego und Seele gleichzeitig.

»Ego«, sagte Seele und berührte ihn sanft am Arm. »Bevor wir zurückkehren, möchte ich dir etwas zeigen. Siehst du dieses Dreieck?« Ego nickte.

»Das ist unser Symbol, mit dem wir unsere Erinnerungen triggern können, wenn wir uns wieder in unserem Körper befinden. Du wirst dieses Symbol nie wieder vergessen. Dafür werde ich sorgen.«

»Ich werde versuchen, mich daran zu erinnern, Seele. Ich danke dir. Danke für alles, was du für mich getan hast. Ich liebe dich.«

»Ich liebe dich auch«, erwiderte Seele.

Dann war es Zeit für sie, in ihren Erdenkörper zurückzukehren. Ego hatte das Gefühl, einen extrem realistischen Traum zu erleben, und als er aufwachte, erzählte er Seele davon. Doch sie lächelte nur und zeigte auf ein Muttermal an Egos Körper, das die Form eines Dreiecks hatte. Da sprang Ego aufgeregt auf: »Dann war das also doch kein Traum! Es war Realität. Ich habe das alles tatsächlich erlebt!«

Das Leben bekam einen ganz neuen Sinn, als Ego und Seele begannen, gemeinsam an ihrem Aufstieg und ihrem Dienst an der Welt zu arbeiten, während sie glücklich in ihrem Körper namens [setze hier deinen Namen ein] lebten. *Das ist eure Geschichte, und ihr lebtet glücklich zusammen bis ans Ende eurer Tage.*

6

Eröffne dir ein Feld unbegrenzter Möglichkeiten

Das Universum mag mutige Menschen.

Deine bewusste Bereitschaft, dein Leben zu verändern, eröffnet dir ein Feld unbegrenzter Möglichkeiten. Schon allein der Gedanke daran sendet einen hellen Lichtstrahl in dich hinein, der dir Hoffnung gibt und dich aufrichtet. Es ist geradeso, als würde die Morgensonne durch ein winziges Loch in der Wand in eine dunkle Höhle hineinstrahlen – ein Symbol für einen Neuanfang.

Bis jetzt hast du gelernt zu akzeptieren, dass du eine wunderbare Synergie aus Ego und Seele bist. Du hast gelernt, präsent zu sein und mit deinem Körper zu kommunizieren.

Du hast gelernt, bedingungslose Liebe als Motor für deine Willenskraft zu wählen. Diese bedingungslose Liebe spielt bei der Eröffnung eines Feldes unbegrenzter Möglichkeiten eine wichtige Rolle, denn wenn man sich dieses Feld durch Leid erschließen würde, könnte es durchaus sein, dass man eine Büchse der Pandora öffnet, die voll böser und unangenehmer Überraschungen steckt.

Der Schlüssel zum Erfolg besteht darin, von jetzt an in deinem Leben präsent zu bleiben und aus dieser Gegenwart heraus etwas zu erschaffen. Denke daran: Das Universum mag mutige Menschen. Du musst ein aktiver Macher sein und kein Angsthase! Das Universum hat keine Lieblinge – es hat keine Präferenzen im Hinblick darauf, wen es in diesem Feld unbegrenzter Möglichkeiten willkommen heißen soll und wen nicht. Es hängt alles von dir, deinen Entscheidungen und deiner Ausdauer ab. Wenn du deine Arbeit erledigst, werden sich automatisch Türen für dich öffnen.

Neue Affirmationen

Wenn du bereit bist, auf diesem Feld unbegrenzter Möglichkeiten mitzuspielen, brauchst du neue Affirmationen, um dich auf diesem neuen Energieniveau zu stabilisieren.

Das ist für das Nervensystem deines Körpers und für dein Ego etwas ganz Neues, weil beide früher aus der Angst heraus gelebt haben. Nimm dir Zeit, diese neuen Affirmationen durchzuarbeiten. Wiederhole sie, glaube an sie und spüre sie auf körperlicher (und energetischer) Ebene.

Halte dir vor Augen, dass deine dreidimensionale Energie sich jetzt in Richtung fünfdimensionaler Energie erweitert.

Ich bin sicher.
Ich bin frei.
Ich diene der Menschheit.

Entscheidungen und Emotionen

Dein Ego gibt dir oft das Gefühl, ein Opfer negativer Umstände zu sein, die vielleicht während deines früheren und jetzigen Lebens entstanden sind. Es ist einfacher für das Ego, dich in einem Gefühl der Angst oder Wut oder des Opferseins zu halten, als dir zu offenbaren, dass du eine ganz erstaunliche, naturgegebene Fähigkeit besitzt, dein Leben zu planen und zu organisieren und freie Entscheidungen zu treffen. Diese Fähigkeit spiegelt sich in deinen Organen wider und war in der alten fernöstlichen Medizin gut dokumentiert. Der Körper trägt alle Antworten in sich. Jedes Organ erfüllt im Rahmen dieser Fähigkeit eine feste Funktion. Die Leber ist für die Planung deines Lebens zuständig und ihr *Partner*, die Gallenblase, für die Entscheidungsfindung.

Das bedeutet, dass DU selbst entscheiden kannst, welche Gefühle du im Hinblick auf dein Leben hast. Zum Beispiel kannst du dich für den Rest deines Lebens über irgendetwas ärgern, oder du kannst entscheiden, etwas daran zu ändern und dich künftig nicht mehr in die Ausrede zu flüchten, dass das nicht geht. Sobald du dir dessen bewusst wirst, liegt es an dir, zu entscheiden, wie du dich in emotionaler Hinsicht fühlen oder welche Lebensmuster du wählen möchtest.

Um die richtige Entscheidung zu treffen, solltest du stets auch deine damit einhergehenden Emotionen berücksichtigen und überlegen, welche Wahlmöglichkeiten dir offenstehen. Es gibt immer mindestens zwei Optionen, denn die Erde ist ein Ort der Dualität. Diese Optionen können sich entweder schöpferisch oder zerstörerisch auf dich und andere Menschen auswirken. Selbst wenn du unter Druck gesetzt oder dazu überlistet wirst, eine bestimmte Option zu wählen, bist letztlich doch du derjenige, der die Entscheidung trifft und mit ihren Konsequenzen leben muss.

Das Ego wie auch die Seele möchten an deiner Entscheidungsfindung teilhaben. Sie kommunizieren stets über die Sprache der Emotionen mit dir – normalerweise über dein drittes Chakra, weil dieses Energiezentrum am empfänglichsten für Emotionen aller Art ist. Emotionen sind einfach nur Gefühle – so lange, bis du ihnen durch Worte einen Sinn verleihst. Deshalb sind Emotionen ein ursprünglicher Bestandteil der Sprache des Lichts, und du kannst lernen, zu entschlüsseln, was dein Ego und deine Seele dir sagen möchten.

ॐ **Ego: Im physischen Körper kommuniziert das Ego in erster Linie über die Leber.**

Das Ego steht mit dem menschlichen Geist in Verbindung, und der menschliche Geist ist in der Lage, mit dem Universalen Geist in Kontakt zu treten. Bei deinem Ego handelt es sich um intelligente, männliche Energie.

Das Ego ist auch unter der Bezeichnung »dein niedrigeres Ich« bekannt. Es befindet sich in der Essenz deiner physischen Tier-DNA und herrscht über die Energie früherer Erinnerungen. Das Ego hilft dir, auf der Erde zu überleben, denn seine Mission besteht darin, dich um jeden Preis zu beschützen. Das Ego ist der Hüter der Aufzeichnungen über all deine irdischen Inkarnationen.

Ein unausgeglichenes Ego wird dich mit negativen Emotionen und Ängsten quälen, die du in diesem Leben oder in früheren Existenzen erworben hast. Es wird dich auch davor schützen wollen, etwas zu wiederholen, was dir früher einmal emotionale Verletzungen oder körperlichen Schaden zugefügt oder womöglich gar zu deinem Tod geführt hat.

౼ Seele: Im physischen Körper kommuniziert die Seele über die Milz.

Sie hat ihren Sitz in deinem Herzchakra. Die Seele steht immer mit der Kosmischen Liebe in Verbindung. Sie ist auch unter der Bezeichnung »dein Höheres Selbst« bekannt und hat ihren Sitz in deiner spirituellen DNA. Die Seele ist weibliche spirituelle/emotionale Energie, die über deine Zukunft bestimmt (sofern sie dabei nicht durch dein Ego blockiert wird). Die Seele hat einen Zweck/eine Mission. Für die Verwirklichung dieser Mission braucht sie einen Körper, um ihr Ziel zu manifestieren, und die Kooperation des Egos, um ihr Ziel zu erreichen. Die Seele ist der Hüter der Aufzeichnungen über all deine kosmischen Inkarnationen.

Eine ungeheilte Seele macht sich Sorgen über die Zukunft. Oft fühlt sie sich verloren und innerlich zerbrochen und befürchtet, dass sie die Erde nie wieder verlassen und nach Hause zurückkehren kann.

Das Ego lebt in Erinnerungen an die Vergangenheit, und das spiegelt sich in seinen Emotionen wider. Die Seele macht sich Gedanken über die Zukunft, und natürlich spiegelt sich auch das in ihren Emotionen wider. Sobald du die emotionale Sprache deines Egos und deiner Seele kennst, kannst du dich in deinem Körper – in der Gegenwart – zentrieren und deine

Entscheidungen auf der Basis wahrer Tatsachen treffen, statt in der ständigen Achterbahn der Gefühle zu leben, in das Ego und Seele dich so oft stürzen. Dann wirst du auch mühelos erkennen, welcher dieser beiden Teile deiner selbst der Heilung oder liebevollen Fürsorge bedarf.

Drei Türen zu unbegrenzten Möglichkeiten

Unbegrenzte Möglichkeiten gibt es für alle Menschen, aber die Türen, die dorthin führen, sind häufig geschlossen. Nicht, weil sie euch jemand vor der Nase zugeschlagen hat, sondern weil ihr zu blind seid, um sie zu sehen. Ihr Menschen seid durch euer persönliches und kollektives Leid verblendet und fühlt euch oft festgefahren und in euren Möglichkeiten eingeschränkt.

Ihr habt Angst vor dem großen Schritt ins Unbekannte. Ihr habt Angst, dass ihr scheitern könntet. Ihr habt Angst, dieses Schrittes nicht würdig zu sein. Ihr befürchtet, vielleicht nicht qualifiziert, ausgebildet oder spirituell genug dafür zu sein. Doch die eigentliche Frage lautet: »Wann bist du bereit, durch die Tür der unbegrenzten Möglichkeiten zu treten, um endlich ein besseres Leben zu führen? Wann wirst du zu einem Autor deiner Realität?«

Du bist bereit, diese neuen Türen zu öffnen, wenn du das Gefühl hast, endgültig genug vom Leiden zu haben – wenn du alles, was dir widerfahren ist, akzeptierst und dich damit abfindest. Die Türen der unbegrenzten Möglichkeiten öffnen sich nicht für Menschen, die nur auf persönlichen Gewinn aus sind. Sie öffnen sich einzig und allein für den Dienenden an der Menschheit.

Die Bereitschaft, dich zu verändern – nicht den Weg des Leids, sondern den Weg der Liebe zu gehen, dir eine positive Einstellung zu bewahren und jeder Lebenssituation optimistisch gegenüberzutreten –, wird dir die erste, orangefarbene Tür öffnen. Innere Bereitschaft ist der Schlüssel und die Tür zu deinem zweiten Chakra. Hinter dieser Tür wirst du neue Ideen, Inspirationen und Kreativität finden und deine wahren Fähigkeiten entdecken. Du wirst herausfinden, was du auf der Erde in physischer Form bewirken möchtest (dir stehen unbegrenzte Möglichkeiten offen), während du ein Leuchtfeuer der Liebe bist. Und du wirst feststellen, dass du in Sicherheit bist und von deiner Seele (deinem Höheren Selbst) und deiner Seelenfamilie Unterstützung erhältst.

Bitte sei dir der Tatsache bewusst, dass niemand dir eine Aufgabe stellen wird. Niemand wird dir sagen, was du tun sollst. Wenn du der Schöpfer deiner eigenen Realität sein möchtest, musst du diese Entscheidung selbst treffen. Du musst lernen, Entscheidungen zu treffen – und zwar gute Entscheidungen. Du musst an dich selbst und daran glauben, was du dieser Welt zu bieten hast. Du wirst geliebt, du bist wertvoll und intelligent, du bist ein Lichtwesen in einem menschlichen Gefäß. Was kannst du der Welt bieten? Fang an zu träumen und Visionen zu entwickeln!

Lege die Hände auf dein zweites Chakra und meditiere. Stell dir vor, dass dein ganzer Körper und dein Aurafeld mit einem orangen Farbton angefüllt sind. Denke mit der Begeisterung und Unschuld eines kleinen Kindes, das du früher einmal warst, darüber nach, was du gut kannst und worin deine Lebensmission besteht. Lass dich dabei von deiner Seele leiten.

✑ Zweite Tür: Weisheit

Lass dich bei der Entscheidung, worin dein Lebenszweck besteht, von der Leidenschaft deiner Seele leiten. Was möchtest du gerne sein? Was kannst DU in physischer Form erschaffen, um diese Welt zu einem besseren Ort zu machen? Wenn dir eine Idee dazu kommt, bist du bereit, die zweite, grüne Tür (dein viertes Chakra) zu öffnen. Die Schlüssel zu dieser Tür sind Aufrichtigkeit und Integrität.

Hinter dieser Tür hast du keine Zeit mehr, deine Vergangenheit abzustreifen. Das wäre jetzt Zeitverschwendung. Du musst deiner Vergangenheit – dem, was passiert ist und was dich bis zu diesem jetzigen Augenblick gebracht hat – mit Mitgefühl, Verständnis und einer positiven Einstellung gegenübertreten. Wenn du das Gefühl hast, vorher erst noch etwas verzeihen oder die Vergangenheit überwinden zu müssen, tu das schnell. Verzeih anderen Menschen und dir selbst. Es ist kein weiteres Leid notwendig, um von diesem Punkt zum nächsten zu gelangen.

Du bist jetzt bereit, an deinem Plan zu arbeiten, deine Lebensmission in der physischen Welt zu manifestieren. Schließlich bist du auf die Erde gekommen, um vielen verschiedenen Träumen einen Lebensatem einzuhauchen. Auch an dieser Tür wirst du wieder mit Entscheidungen konfrontiert. Welchen Lebensatem willst du deiner Mission einhauchen? Wirst du dich dabei von positiven Absichten, Liebe, Ehrlichkeit und Integrität leiten lassen? Oder wirst du in Versuchung geraten, Schleichwege zu wählen? Du weißt, dass es keinen Schleichweg zur Göttlichkeit oder zum Feld unbegrenzter Möglichkeiten gibt. Du befindest dich in deinem Herzen, dem Sitz deiner Seele. Wenn du einen Schleichweg wählst, betrügst du dich damit nur selbst.

Ergreife physische Maßnahmen, um die Verwirklichung deiner Mission zu planen. Du hast inzwischen die Tür zur

Freiheit durchschritten. Wenn du jetzt von deiner Mission träumen kannst, wenn du sie bereits fühlen kannst, bist du ihrer Manifestation schon einen Schritt näher. Das Universum liebt mutige Menschen. Also sei frei und habe Mut. Sei gütig, liebevoll, respektvoll und ehrlich zu dir und anderen Menschen. Denke daran, alles genau zu planen.

Lege die Hände auf dein viertes Chakra und meditiere. Stell dir vor, dass dein ganzer Körper und dein Aurafeld mit grüner Farbe angefüllt sind. Denke mit leidenschaftlicher Begeisterung darüber nach, wie du deine Träume in die Realität umsetzen kannst. Lass dich dabei von deiner Seele leiten.

✑ Dritte Tür: Seelengedächtnis (deine göttlichen Fähigkeiten)

Die dritte und letzte Tür ist dunkelblau und repräsentiert dein sechstes Chakra. Die Schlüssel zu dieser Tür bestehen darin, hundertprozentiges Vertrauen zu Gott zu haben, an dich selbst zu glauben und ein sinnvolles, positives Leben zu führen.

Wenn du durch diese Tür gehst, bist du ein göttliches Wesen, das sein Leben dem Dienst an der ganzen Menschheit widmet. Dieser Dienst besteht darin, was du hinter der orangefarbenen Tür in deinem zweiten Chakra gewählt hast. Wage diesen Glaubenssprung, um deine Lebensmission nun vollständig in der dreidimensionalen Welt der Erde zu manifestieren. Deine Energie befindet sich jetzt im fünfdimensionalen Bereich, und du erhältst hundertprozentige Unterstützung von der höchsten verfügbaren Energie. Wir stehen hinter dir, wir werden dir beibringen, wie du auf deine Akasha-Chronik, das Christus/Magdalena-Gitter und anderes mehr zugreifen kannst. Wir unterstützen dich bei deiner furchtlosen Mission, durch die drei Türen unbegrenzter Möglichkeiten zu gehen, zum bewussten Schöpfer deines eigenen Lebens zu werden und selbst über dein Schicksal zu entscheiden – ein Autor deiner Realität zu werden. Du bist Gott, und Gott ist du. Wenn du von einer Ebene bedingungsloser Liebe aus arbeitest – ohne Ängste, ohne Kontrolle und mit unerschütterlichem Vertrauen –, kannst du einen Himmel auf Erden erschaffen.

Lege die Hände auf dein sechstes Chakra und meditiere. Stell dir vor, dass dein ganzer Körper und dein Aurafeld mit blauer Farbe angefüllt sind. Sei eins mit Gott und lass Gott eins mit dir sein. Lass dich von deiner Intuition leiten. Lass dir vom Feld unbegrenzter Möglichkeiten zeigen, wie du mit deinen besonderen Fähigkeiten der Menschheit dienen kannst. Erlaube deiner Seele, dich an deine ursprünglichen Fähigkeiten zu erinnern.

☙ Übersicht

- **Erste Tür:** Wissen – Orange – 2. Chakra – Schlüssel: Bereitschaft – Energie: Träume und Visionen
- **Zweite Tür:** Weisheit – Grün – 4. Chakra – Schlüssel: Ehrlichkeit und Integrität – Energie: Handeln und Planen
- **Dritte Tür:** Seelengedächtnis – Dunkelblau – 6. Chakra – Schlüssel: Vertrauen zu Gott und zu dir selbst – Energie: bewusster Schöpfer, Autor der eigenen Realität

Viele Menschen träumen von dieser Möglichkeit, doch nur ein paar sind wirklich bereit, diesen Weg zu gehen, auf dem man sich für andere opfert, um die wahre Essenz seines Wesens zu finden.

Inspiration plus Motivation = ICH BIN

7

Sich ins Menschsein verlieben

*Du bist ein göttliches außerirdisches Wesen
in einem menschlichen Körper.*

Das Geheimnis ist gelüftet! Verstehe, dass du ein Außerirdischer bist, der in einem menschlichen Körper lebt – und
das schon seit der biblischen Sintflut. Vor der Sintflut hast
du lediglich damit experimentiert, dieses menschliche
Gefäß zu bewohnen, wobei dir jedoch noch dein vollständiges Seelengedächtnis erhalten blieb. Dieses Unterfangen
hatte allerdings ein paar Schwachstellen, weil es etwas
Unnatürliches ist, dass eine höher schwingende Seele sich in
einem physischen Körper mit niedriger Schwingung in-

karniert. Daher wurde dieses Experiment von den Außerirdischen nicht gutgeheißen.

Die Sintflut ist für euch Sternenkinder ein wichtiges historisches Ereignis, weil ihr davor andere Seelenerinnerungen hattet als danach. Vor der Sintflut bewohnte deine Seele höchstwahrscheinlich einen genetisch veränderten außerirdischen Körper, besaß aber immer noch ihr vollständiges Seelengedächtnis und hatte eine ziemlich lange Lebensdauer. Nach der Sintflut konnte deine Seele sich nur noch in einem menschlichen Körper inkarnieren. Dabei handelte es sich um einen Primatenkörper, der mit außerirdischer DNA »aufgerüstet« worden war. Dieser Körper war darauf vorprogrammiert, von Angst gesteuert zu werden. Er war von seiner Natur her nicht mit höherem Bewusstsein kompatibel und hatte nur eine kurze Lebensdauer. Aufgrund dieser kurzen Lebensspanne war es für euch Menschen schwierig, herauszufinden, dass ihr mehr als nur Menschen seid und Seelenrechte besitzt.

Um dir deine außerirdischen Erinnerungen aus der Zeit vor der Sintflut ins Gedächtnis zurückzurufen, musst du deine Vergangenheit als Tatsache hinnehmen. Du musst akzeptieren, dass du jetzt ein menschliches Wesen bist und dass du dich aus freiem Willen dafür entschieden hast.

Vor Angst erstarrt

Wenn die Seelen der Sternenkinder erwachen und ihnen ihre wahre Herkunft zu Bewusstsein kommt, werden sie natürlich neugierig auf ihre früheren Existenzen auf anderen Planeten. Dann beginnt ihr nach Antworten zu suchen, was sehr spannend ist. Aber vielleicht überkommt euch dabei auch ein seltsames Gefühl, dass die Menschen euer Leben ruiniert haben oder euch auf der Erde gefangen halten. Viele von euch tragen diesen geheimen Groll in sich, doch diese Ressentiments werden euch auf eurer spirituellen Reise zurück nach Hause keine Hilfe sein, denn solche Gefühle halten euch im Widerstandsfeld gefangen. (Mehr über Widerstandsfelder erfahrt ihr in Kapitel 10). Verliebt euch lieber wieder in euch selbst und in die Menschheit, statt das mit der Entschuldigung abzulehnen, dass ihr euch nach Hause zurücksehnt, weil ihr nicht länger auf der Erde gefangen sein wollt!

Vielleicht wird euch das Leben auf diesem Planeten schwerfallen. Die Erde ist ein Trainingsplatz für Menschen – so lange, bis sie sich zu multiplanetarischen Wesen entwickeln. Vor langer Zeit seid ihr als Lehrer hierhergekommen. Ihr habt die Aufgabe übernommen, die Menschen auf ihrer Lebensreise zu begleiten. Oft sieht es allerdings so aus, als hättet ihr vergessen, euer Trainingshandbuch mitzunehmen, bevor ihr auf die Erde kamt, um diesen Job zu übernehmen. Und ihr scheint auch unter einem vorübergehenden Gedächtnisverlust im Hinblick auf eure Vergangenheit zu leiden.

Leider ist das Leben in einem menschlichen Körper ganz anders als in einem außerirdischen. Auf eurer Reise durch verschiedene irdische Inkarnationen habt ihr sowohl gute als auch traumatische Existenzen erlebt, und mit der Zeit haben barbarisches menschliches Verhalten, Armut, die Wildheit der Tiere und die Schwierigkeiten des Lebens euch solche Angst eingejagt, dass ihr daran innerlich zerbrochen seid. All das wurde in eurer DNA dokumentiert und von Generation zu Generation weitergegeben.

Sowohl positive als auch negative Eigenschaften werden an die nächste Generation weitergereicht. Außerdem haben die Söhne Belials negative Energiegitter in der Erde geschaffen, indem sie einige der mächtigen Leylinien und Wirbel der

Erde umkehrten, um sie ihrer Bewusstseinskontrolle zu unterwerfen. Sie haben die menschliche Psyche durcheinandergebracht und Menschen, die dafür anfällig waren, verschiedene negative mentale Programme implantiert – wie Vergewaltigung, sexuelle Belästigung, Süchte, Mord, Gewalttätigkeit oder Diebstahl. Das geschah, um den Opfern ihre emotionale Energie zu rauben und diese für eigene Zwecke zu nutzen – um die Menschen hundertprozentig unter ihre Kontrolle zu bringen. Diese negativen Programme funktionieren so ähnlich wie ein Computervirus: Je mehr Viren man hat, umso schneller breitet sich die Infektion aus. Das Virus flößt den Menschen Angst ein, und dadurch entsteht wiederum eine Willenskraft, die durch Leid und Negativität angetrieben wird. Aufgrund dieser negativ geprägten Willenskraft setzen sich die Teufelskreise, denen die Menschen unterworfen sind, immer weiter fort.

In manchen früheren Existenzen warst du zu gewalttätigem Verhalten gezwungen, um dich und andere Menschen zu schützen, was jedoch nicht in deiner Natur, deinem ursprünglichen Wesen liegt. Jedes Leben bringt andere Herausforderungen mit sich. Wenn du dich an deine früheren Existenzen erinnerst, darfst du sie nicht aus dem Blickwinkel des einundzwanzigsten Jahrhunderts betrachten. Damals musstest du vieles tun, um zu überleben. In jeder Inkarnation herrschten andere Lebensumstände und Wertvorstellungen. Vielleicht gab es auch irdische Existenzen, in denen deine Gedanken völlig unter der Kontrolle der Söhne Belials standen. Kein Wunder, dass du vor Angst wie gelähmt bist, wenn du an die Vergangenheit denkst! Sie wirft viele Fragen auf, zum Beispiel: Ist das wirklich passiert? Wie konnte das geschehen? Wo war meine Seelenfamilie damals? Wie konnte irgendjemand das zulassen? Also versuchen einige von euch natürlich, sich von der Menschheit zurückzuziehen, und haben zu nichts und niemandem mehr Vertrauen. Ihr fühlt euch im Stich gelassen und verraten. Vielleicht möchtet ihr am liebsten in völliger Abgeschiedenheit leben – vor den Menschen geschützt – oder euch in eine geschlossene spirituelle Gemeinschaft zurückziehen. Doch das sind alles keine idealen Lösungen. Um ehrlich zu sein, lauft ihr damit nur vor eurem Schicksal davon.

Um deine Fragen zu beantworten: Du warst niemals allein, und alles, was passiert ist, hat seinen Grund. Wir können dir erst dann helfen, wenn du dich über das Gefühl, Opfer oder Tyrann zu sein, erhoben hast. Du musst lernen, eine neutrale Haltung einzunehmen, darfst anderen nicht mehr die Schuld an der Zerstörung deines Lebens geben, sondern musst selbst die Verantwortung dafür übernehmen. Das Allerschwierigste an diesem Prozess musst du also allein erledigen, weil es aus deinem eigenen freien Willen heraus geschehen muss. Du selbst musst den Heilungsprozess in Gang setzen, aber wir kommen dir dabei auf halbem Weg entgegen.

Um dir darüber klar zu werden, wer du bist, musst du dich zunächst einmal als das menschliche Wesen akzeptieren, das du bist – einschließlich deiner früheren Existenzen und der Einschränkungen, denen du zurzeit unterworfen bist. Sei dir der Ängste bewusst, die hinter fast jeder Ecke lauern, und lass dich davon nicht einschüchtern! Statt dauernd Angst zu haben, musst du dich um Wissen bemühen und versuchen, so viel wie möglich über deine Geschichte zu erfahren. Außerdem musst du etwas über positive und negative Energie lernen – über die Wesen, die dir bei deiner Weiterentwicklung helfen, und diejenigen, die dich unter ihre Kontrolle bringen möchten. Wissen ist eine große Macht, die die Söhne Belials dir geraubt haben. Wenn du die Hindernisse und Probleme kennst, mit denen du zu kämpfen hast, brauchst du keine Angst mehr davor zu haben. Du musst nur wissen, wie du dich durch all diese schwierigen Umstände hindurchmanövrieren kannst.

Und vor allem: Hab keine Angst davor, dich in dein menschliches Ich und in die Menschheit zu verlieben! Würdest du uns glauben, wenn wir dir sagen, dass dich das innerlich befreien wird? Auch wenn die Menschen vielleicht nicht perfekt sind – einfach loszulassen und alles so zu akzeptieren, wie es ist, kann dir viele neue Türen öffnen.

Gute Nachrichten

Während deiner verschiedenen Inkarnationen konntest du mehrmals dein volles Seelengedächtnis wiedererlangen. Die Zeit der Essener ist ein sehr gutes Beispiel für eine deiner bewussten Inkarnationen in einem menschlichen Körper. Damals wurdest du in eine Familie aufgenommen, die auf der Frequenz der Liebe schwang. Liebe ist die Essenz deines Wesens. Deshalb ging es dir damals – umgeben von Menschen, die dich liebten – ganz hervorragend. Du fühltest dich sicher und geborgen. Du warst bereit für die Mission, die sich in den nächsten zweitausend Jahren allmählich entfalten würde.

Deine Lebensbücher sind voll von Aufzeichnungen über die Errungenschaften von euch Sternenkindern: die Hilfe, die ihr der Menschheit geleistet habt, und all die verschiedenen Dimensionen des Leidens, die ihr während eurer irdischen Existenzen ertragen musstet. Wenn es euch gelingt, das alles in diesem Leben endlich zu einem sinnvollen Ganzen zu verbinden, werdet ihr einen Eindruck davon gewinnen, wer ihr seid – wie stark und mächtig ihr in Wirklichkeit seid. Doch gleichzeitig werdet ihr dann auch mit der grausigen Realität dessen konfrontiert, wie eure früheren irdischen Inkarnationen endeten.

Für diejenigen, die sich auf dem Pfad des Lichts bewegen, war das Leben niemals einfach. Vielleicht erkennt ihr dann auch, wie müde ihr seid. Euer Ego schreit anklagend eure Seelenverletzungen in die Welt hinaus und wird euch vor allen weiteren Schäden schützen wollen, die in eurem jetzigen Leben durch menschliche Grausamkeit entstehen könnten. Schließlich weiß euer Ego nicht, dass wir mittlerweile im einundzwanzigsten Jahrhundert leben oder dass *Exzentrizität* inzwischen fast überall akzeptiert wird. Wir wissen, wie schwer es ist, euch durch all diese Erinnerungen hindurchzuarbeiten und herauszufinden, wie ihr in euer jetziges menschliches Leben hineinpasst, während ihr gleichzeitig versucht, euch eure alten außerirdischen Erinnerungen ins Gedächtnis zurückzurufen.

Wir haben Verständnis dafür, dass ihr müde seid, dass ihr in diesem Leben so schwer zu kämpfen habt und dass viele von euch das Gefühl haben, ganz allein dazustehen – ohne jede Hilfe. Wir wissen, dass ihr euren menschlichen Körper möglicherweise ablehnt, dass eure menschlichen Erfahrungen auf diesem Planeten euch zuwider sind und dass ihr vielleicht sogar am liebsten wieder nach Hause zurückkehren würdet. Wir haben Verständnis für all das. Trotzdem solltet ihr darüber nachdenken, ob es nicht besser wäre, eure Gedanken auf etwas Positiveres zu richten, weil diese negative Denkweise euch mehr Türen schließt als öffnet.

Ihr habt euch aus eigenem freien Willen für diesen Planeten Erde entschieden. Ihr habt vergessen, wer ihr in Wirklichkeit seid. Einige von euch denken vielleicht, wenn ihr nur lange genug in diesem Körper bleibt und eure Absichten ständig darauf richtet, ihn zu verlassen und nie wieder zurückzukehren, werdet ihr auf magische Weise ins höhere Planetensystem aufsteigen. Doch das genügt nicht. Ihr müsst zu Machern werden, müsst bewusst am Heilungsprozess der menschlichen und der außerirdischen Seite eures Wesens mitwirken. Das bedeutet auch, beide Seiten zu lieben und zu akzeptieren. Nur diejenigen von euch, die eine Haltung liebevoller Akzeptanz erreicht und mit allem Frieden geschlossen haben, was auf der Erde geschehen ist, dürfen unter den bereits existierenden höherdimensionalen, multiplanetarischen Wesen leben, wo es keinen Platz für Hass, Streitereien, Rache oder sinnlose Kriege gibt.

Dein Körper ist ein Geschenk an dich, und deine menschliche Inkarnation ist ein Geschenk an uns alle. Du hast die Macht, etwas an deiner Welt zu verändern. Und die Veränderungen, die du bewirkst, erzeugen einen Welleneffekt, der sich auf uns alle auswirken wird. Indem du dein menschliches Ich heilst, heilst du gleichzeitig auch dein außerirdisches Ich und deine Seelenfamilie.

Und nun wollen wir uns einmal die Dynamik deines menschlichen Gefäßes anschauen.

Dein Körper ist wie ein Computer. Als du auf die Welt kamst, brachten deine Seele und dein Ego ihre eigene Software mit. Diese beiden Softwares sind nicht miteinander kompatibel – und doch müssen sie sich diesen Körper miteinander teilen. Um zu einem Kompromiss zu gelangen, wechseln Seele und Ego ihre Programme alle sieben Jahre ab: Sieben Jahre lang erlebst du eher das Gefühl, körperlich und finanziell in Sicherheit zu sein, als das Gefühl, ein kreativer, spiritueller Mensch zu sein. In den darauffolgenden sieben Jahren verkehrt sich dieses Empfinden ins Gegenteil.

Hin und wieder versuchen Ego und Seele, die Software des jeweils anderen zu beschädigen. Das kann zu großem Chaos, zu Konflikten, ja sogar zu Fehlfunktionen des Computers, deines Körpers, führen. Leider hat sowohl dein Ego als auch deine Seele vergessen, dass sie beide das Wissen besitzen, das man braucht, um *den Computer aufzurüsten:* Sie könnten an ihren jeweiligen Softwareversionen arbeiten, um sie miteinander kompatibel zu machen. Dazu müssten sie einfach nur als Team zusammenwirken.

Und genau das läuft zurzeit bei vielen von euch schief: Ihr zwingt die höherentwickelte fünfdimensionale spirituelle Software dazu, auf einem veralteten dreidimensionalen Computer zu laufen. Versteht ihr das? Euer Ego braucht ziemlich viel Platz auf eurem Speicher, um sein eigenes Programm ständig im Hintergrund laufen lassen zu können, und ihr könnt nur hoffen, dass es nicht aus Versehen Schadprogramme auf euren Rechner herunterlädt.

Während deines irdischen Lebens kannst du deinen dreidimensionalen Körper mit fünfdimensionaler Energie kompatibel machen. Der Schlüssel dazu liegt in deinem Nervensystem. Die Essener haben das geschafft, und du kannst es auch. Alles, was du dazu wissen musst, liegt in deiner DNA verschlüsselt.

Dein Ego und deine Seele wissen, wie du deinen Computer aufrüsten kannst, um das zu bewirken. Der erste Schritt besteht darin, dich wieder in den Menschen zu verlieben, der du bist. Du bist ein göttliches Wesen in einem menschlichen Körper. Dieses Wesen ist vielleicht nicht unbedingt perfekt, aber es besitzt viele verborgene Fähigkeiten, die du zurzeit völlig ignorierst. Um der Menschheit dienen zu können, musst du dich wieder in dein menschliches Ich verlieben. Zweitens musst du dein Leben mit Humor erfüllen. Humor ist ein großer Heiler. Man muss nicht immer ernst sein! Disziplin ist der Schlüssel zum Erfolg, doch Humor nimmt einem eine große Last vom Herzen und erfüllt die Seele mit Freude.

Dich selbst akzeptieren

ॐ Übung

1. Schau in einen Spiegel und blicke dir tief in die Augen.
2. Sprich laut oder in Gedanken vor dich hin: »Ich bin ein göttliches Wesen, das in diesem menschlichen Körper lebt.« (Wenn du weißt, woher du kommst, könntest du zum Beispiel sagen: »Ich bin ein außerirdisches Wesen von den Plejaden, das in diesem menschlichen Körper lebt.«) Sprich das im Ton einer sachlichen Feststellung aus.
3. »Ich liebe mich selbst und mein menschliches Gefäß. Ich akzeptiere dieses Leben und beanspruche diesen Körper als Gefäß für mein göttliches Höheres Selbst.«
4. »ICH LIEBE DICH, und ich liebe meine Seelenfamilie, die mir gerade zuhört.«
5. »Ich kann dieses Leben bewältigen. Ich stehe im Dienst der Menschheit.«

Danach kannst du dieses Gespräch mit dir selbst entweder fortsetzen oder mit deinem Alltagsleben weitermachen.

8

Akzeptiere den Außerirdischen in dir

Wissen weiterzugeben ist ein Akt der Liebe.
Wer sein Wissen mit den Menschen teilt,
schenkt ihnen Liebe.

Nach dem Untergang von Atlantis wurden die Kommunikation und die Verkehrsverbindungen zwischen den Planetensystemen vorübergehend lahmgelegt. Niemand außerhalb der Erde wusste, wie groß der durch diese Zerstörung entstandene Schaden war. Schon ein paar Tage, die wir ohne hochentwickelte Technologien auskommen mussten, warfen ernste Fragen auf: Was passierte nun mit unserer Verbindung und Kommunikation mit anderen Planetensystemen und deren

Bewohnern? Und was wurde aus unseren Sonnensatelliten? Warum wurden keine außerirdischen Technologien eingesetzt, um die Probleme zu beheben? Was war mit unserem zentralen Transportzentrum auf dem Mars geschehen? Hatten unsere Familie und unsere Lieben, die in der Nähe der Erde und auf dem Mars stationiert waren, das Unglück überlebt? Wann würden wir sie wiedersehen? Ohne unsere modernen Technologien auskommen zu müssen, war für uns alle ein ziemlicher Schock. Die Reparaturen, von denen wir glaubten, dass sie nur ein paar Tage dauern würden, zogen sich schließlich über mehrere Jahrhunderte hin.

Bald wurde uns klar, dass wir keine Antworten erhalten würden, und mit der Zeit sahen wir der unbarmherzigen Realität ins Auge: Wir saßen auf dem Planeten Erde fest und waren gezwungen, mit den einzigen Ressourcen, technologischen und medizinischen Methoden zu arbeiten, die uns damals dort zur Verfügung standen. Wir mussten schnell so weit kommen, uns selbst versorgen zu können, um zu überleben. Außerdem waren zu allem Übel auch noch Kämpfe zwischen einigen auf der Erde verbliebenen Außerirdischen ausgebrochen, die sich um die verbliebenen Ressourcen stritten. Auch das Leben der Außerirdischen veränderte sich: Sie wurden von freigeistigen Forschern zu Überlebenskünstlern. Das war ein großer Rückschritt für alle außerirdischen Wesen, unabhängig davon, ob sie sich auf dem Weg des Lichts oder dem Weg der Dunkelheit befanden.

Viele litten an gebrochenem Herzen. Es gab viele Sternenwesen, deren Familienmitglieder zur Zeit der Katastrophe gerade auf anderen Planeten zu Besuch gewesen waren. Und es gab auch Sternenwesen, die damals gerade zu anderen Planetensystemen wie beispielsweise den Plejaden unterwegs waren, um Arzneimittel zu beschaffen, um sich oder andere Außerirdische damit von den körperlichen Krankheiten und Leiden, die sie sich auf der Erde zugezogen hatten, zu heilen. Auf der Erde hatten wir zu vielen Medikamenten, die wir brauchten, keinen Zugang, weil uns die Pflanzen zu deren Herstellung fehlten. Und ohne solche Arzneimittel konnten diese Krankheiten tödlich verlaufen. Unsere Bevölkerung ging drastisch zurück. Außerdem konnten wir jetzt auch nicht mehr mit unseren Familien auf anderen Planeten kommunizieren. Um euch einen Eindruck davon zu vermitteln, wie sich das anfühlte: Versucht euch einmal vorzustellen, es gäbe plötzlich keine Verkehrsverbindungen oder keine Kommunikation mehr zwischen den verschiedenen Kontinenten auf eurer Erde, und ihr müsstet mit den Ressourcen auskommen, die es in eurer jeweiligen Region gibt! Damals erlebten wir zum ersten Mal echte Verzweiflung und Hoffnungslosigkeit.

Vor der Zerstörung von Atlantis weigerten sich viele, der Tatsache ins Auge zu sehen, dass die Kinder des Gesetzes des Einen uns genau auf diese Situation vorbereitet hatten. In den letzten sechstausend Jahren hatten sie immer wieder davon gesprochen, dass es einen konkreten Zusammenhang zwischen dem Erreichen eines wichtigen Ziels und der anschließenden totalen Zerstörung gebe – nämlich dann, wenn das Gleichgewicht zwischen weiblicher und männlicher Energie dabei nicht gewahrt werde.

Wenn ein Ziel, beispielsweise Atlantis, nur durch Kraft und Macht erreicht wird – ohne die solide Grundlage von Wissen und Weisheit, also einem Zustand der Harmonie mit der Erde und dem Universum –, endet das naturgemäß irgendwann in der Zerstörung. Atlantis schwang nicht auf der Frequenz des göttlichen Willens, es befand sich nicht in einem kosmischen Resonanzstrom. Daher war dieses Reich auch nicht von Dauer. Von seinem Potenzial her hätte es zwar durchaus erfolgreich sein können, doch letztlich überwältigte die männliche Energie alles andere. (Mehr über dieses Prinzip erfahrt ihr in Kapitel 10.)

Neues Leben in Ägypten

Nach der Zerstörung von Atlantis siedelten wir nach Ägypten um und begannen dort ein neues Leben zu führen. Seit jener Zeit kennt ihr uns als die alten Ägypter. Unser Hauptaugenmerk bestand – jetzt wieder – darin, unsere angeborenen fünfdimensionalen spirituellen Fähigkeiten zu pflegen und weiterzuentwickeln. Damit wollten wir uns unseren physischen Körper und die Gabe bewahren, hohe Frequenzen in unserem Geist und unserem Körper zu halten. Im Goldenen Zeitalter von Atlantis hatten viele Lebewesen sich nicht darum gekümmert: Sie hatten ihre Fähigkeiten vernachlässigt, bis sie allmählich verblassten. In lemurischen Zeiten hatten wir diese noch hervorragend beherrscht, doch die Zeit verändert alles. Ob ihr es glaubt oder nicht: Die atlantischen Technologien hatten uns verdorben. Und genau das Gleiche passiert heute mit euch. Versteht das nicht falsch: Technologie an und für sich nichts Schlechtes, solange sie nicht die Kontrolle über euch gewinnt. Jedenfalls wurden die Weisheitslehrer und Heiler unter uns damals zu den wichtigsten Wesen, die uns halfen, vorwärtszukommen. Sie lehrten uns, geduldig zu sein, in unserem Herzen zu leben und mit dem Ursprung allen Seins verbunden zu bleiben, während wir auf die Wiederherstellung des interplanetarischen Verkehrs- und Kommunikationssystems warteten.

Obwohl unser Leben sich drastisch verändert hatte, waren wir froh, überhaupt überlebt zu haben. Wir traten mit anderen außerirdischen Völkern in Kontakt, die bereits in verschiedenen Gegenden der Erde lebten. Später fanden wir uns mit der Tatsache ab, dass die Annunaki die Primaten mit unserer außerirdischen DNA aufgerüstet hatten, um die menschliche Rasse zu erschaffen. Zu diesem Zweck hatten sie unsere DNA dem Surrogatkristallgott gestohlen, von dem wir in Band 1 berichtet haben.

Das alte Ägypten war eine Wiege für diejenigen, die sich auf dem Pfad des Lichts befanden. Wir verlangten von allen, die sich uns anschließen und das gleiche Leben führen wollten wie wir, sich an strenge Regeln der Disziplin zu halten, denn wir hofften, uns und unseren Weggefährten durch die Befolgung dieser Regeln die Reinheit der Seele zu bewahren und damit letztlich das Überleben der Kinder des Gesetzes des Einen zu sichern. Wir haben das Gefühl, dass uns das gelungen ist, denn schließlich bist du heute hier, um diese Worte zu lesen und diese alten Erinnerungen in dir wiederaufleben zu lassen.

Wir lieben dich, Kind des Gesetzes des Einen!

Eigentlich hatten wir gehofft, dass die Tragödie, die wir alle erlitten hatten, uns enger zusammenschweißen würde. Diejenigen, die den Weg des Lichts gingen, mischten sich jetzt mehr unter die Menschen und begannen ihnen ihr uraltes Wissen zu vermitteln. *Wissen weiterzugeben, ist ein Akt der Liebe. Wer sein Wissen mit den Menschen teilt, schenkt ihnen Liebe.*

Wir begannen den Menschen beizubringen, wie man Feldfrüchte anbaut, sichere Unterkünfte errichtet, ein ehrenhaftes Leben führt und alles tut, um Kriege zu vermeiden. Wenn man Wissen besitzt, braucht man nicht in Angst zu leben oder zu leiden, und dann muss man auch nicht hungern, krank werden, frieren oder sich misshandeln lassen. Wir behandelten alle Menschen gleich und hofften, dass sie genauso werden würden wie wir. Schließlich waren sie unsere Kinder. Wir beteten darum, dass sie verstehen würden, wie viel Zeit und Entschlossenheit es kostet, den Weg des Lichts zu meistern.

Im Laufe der Zeit entwickelten die ägyptischen Mysterienschulen sich zu einer beliebten Ausbildungsstätte für Menschen, wo sie ihre Fähigkeiten weiterentwickeln und sich eine Zeit lang in Gegenwart der Wesen aufhalten konnten, die sie *Götter* nannten. Doch zu unserer großen Enttäuschung strebten nicht alle Menschen nach Selbstbeherrschung. Viele wollten einfach nur sofortige Macht, um genauso zu sein wie wir – ohne richtige Ausbildung.

Diejenigen, die nach sofortiger Macht strebten, entschieden sich für den Weg der Dunkelheit. Die Söhne Belials, die ebenfalls auf der Erde lebten und dort sehr erfolgreich waren, arbeiteten insgeheim an der Verwirklichung ihrer eigenen Agenda, die Herrschaft über die Welt zu erringen, indem sie die Menschen durch Manipulation dazu brachten, ihnen zu gehorchen. Sie lockten die Menschen mit glanzvollen und doch trügerischen »Schleichwegen«, auf denen sie angeblich ohne große Mühe ihre Ziele erreichen konnten. Sie boten ihnen an, innerhalb kürzester Zeit zur Macht zu gelangen. Doch solche Macht ist niemals von Dauer.

Die Wesen, die auf dem Weg der Dunkelheit wandelten, hatten denselben Ursprung wie die Wesen, die den Weg des Lichts gingen. Letztlich haben wir alle dieselben *Eltern*. Wir treffen nur unterschiedliche Entscheidungen. Die Anführer der Söhne Belials bauten ihr Fundament auf denselben Prinzipien auf wie die Kinder des Gesetzes des Einen. Dieses Fundament besteht aus Wissen und Weisheit. Die Söhne Belials boten ihren Anhängern Zugang zu vorübergehender Macht, schnellem Wachstum und Herrschaft über Städte und Länder. Doch sie verweigerten ihren Anhängern den Zugang zu dem Wissen, wie man sich diese Macht erhält. Um als Anhänger der Söhne Belials Macht zu

123

haben, muss man also ständig mit ihnen in Kontakt bleiben. Solange du ihre Macht nutzt, haben sie dich unter Kontrolle. Sie jagen ihren Anhängern Angst ein, um ihre Macht über sie nicht zu verlieren. Die Menschen sollen glauben, dass sie ohne sie und die begrenzte Macht, die sie sich von ihnen geliehen haben, nichts sind. Natürlich lassen solche Menschen sich aufgrund ihrer Angst leicht manipulieren – und um sie auch weiterhin in den Fesseln ihrer Macht gefangen zu halten, verraten die Söhne Belials ihnen dieses Wissen nicht.

Es gibt einen sehr einfachen Unterschied zwischen Dunkelheit und Licht, den du kennen solltest. Bitte nimm das, was wir dir als Nächstes mitteilen möchten, in neutraler emotionaler Haltung, ohne Werturteile, in dich auf:

Der Weg der Dunkelheit bietet bequeme »Schleichwege«. Er wird dich mit Versprechungen von Reichtum und schnellem Aufstieg zu Macht, Geld, Status, Einfluss, besonderen Fähigkeiten wie der Heilung von Krankheiten zu locken versuchen. Die positiven Auswirkungen sind jedoch nicht von Dauer, sie werden sich früher oder später in Nichts auflösen, weil du auf diesem Weg lediglich negativen Reichtum manifestierst und emotionale und körperliche Schmerzen erleidest. Der Weg der Dunkelheit wird dich zu manipulieren versuchen. Die Söhne Belials wissen, dass du nicht ihnen die Schuld geben, sondern Gott vorwerfen wirst, dich im Stich gelassen zu haben. Dadurch entfernst du dich dann noch weiter von Gott, dem Ursprung von allem, und bleibst im Spiel des Lebens gefangen.

Der Weg des Lichts ist viel zeitaufwendiger. Auf dem Weg zur Erleuchtung gibt es keine Schleichwege, sondern nur ständiges Lernen und Üben. Wenn man sich in den Willen Gottes ergibt, kann dieser Weg von Glück und bedingungsloser Liebe erfüllt sein. Trotzdem ist er ein ständiges Streben danach, ein ehrenhaftes Leben zu führen und der Menschheit zu dienen. Dieser Weg führt dich zu deinen wahren Seelenerinnerungen und schenkt dir positiven Reichtum. Außerdem bringt er dich zu dem Ausgang, durch den du das Spiel des Lebens verlassen kannst.

Von der Mehrheit zur Minderheit

Im alten Ägypten konnte man noch offen darüber reden, wer man war und was für Fähigkeiten man besaß, weil das damals völlig normal war. Damals hattet ihr kein Bedürfnis danach, die wahre Essenz eures Wesens zu verbergen, wie ihr es heute unbewusst tut, um euch vor Angriffen zu schützen. Ihr hattet keine Angst vor anderen Außerirdischen oder Menschen. Schließlich bestand damals noch die Mehrheit der Lebewesen auf der Erde aus Außerirdischen. Alle wussten, dass ihr anders wart. Und das war auch überhaupt kein Problem, denn anders zu sein, war damals etwas Normales. Damit wart ihr den anderen Lebewesen auf der Erde mehr als willkommen. Doch mit der Zeit hat sich das alles geändert.

Die Menschheit entwickelte sich in beschleunigtem Tempo weiter. Insgeheim fragten wir uns, wann der Rat des Lichts herausfinden würde, dass die Annunaki diese neue Spezies geschaffen hatten, die sie *Menschen* nannten. Wir machten uns auch Sorgen darüber, dass manche Außerirdische sich in Menschen verliebt hatten und mit ihnen Familien gründeten. Was würde der Rat des Lichts dazu sagen? Ihre Kinder wuchsen heran, und es zeigte sich, dass sie von den Außerirdischen erstaunliche Fähigkeiten geerbt hatten, die den gewöhnlichen Menschen fehlten. Einige waren begierig darauf, zu lernen und auf dem Weg des Lichts zu bleiben, während andere nur nach

Schleichwegen suchten und sich von falschen Versprechungen verführen ließen, ihr Ego war ihnen wichtiger als die Güte und Freundlichkeit ihrer Seele. Leider entwickelten viele gewöhnliche Menschen sich nach diesem Muster.

Obwohl wir eine lange Lebensspanne haben, sind wir nicht unsterblich. Da uns keine verjüngenden Arzneimittel von anderen Planeten mehr zur Verfügung standen, begannen unsere Körper zu altern und unter Krankheiten zu leiden. Zwar versuchten wir uns mit den Kräuterarzneien zu helfen, die wir aus den Pflanzen, die wir noch aus der Zeit vor der Zerstörung von Atlantis besaßen, herstellen konnten. Dennoch nahm die Anzahl der Außerirdischen auf der Erde mit der Zeit immer mehr ab. Die Gemeinschaften, in denen wir lebten, dezimierten sich zusehends, da wir keinen großen Wunsch hatten, uns so stark zu vermehren wie die Menschen. Schließlich wurden wir zu einer Minderheit.

Wir bemühten uns nach Kräften, unseren Seelen dazu zu verhelfen, dass sie in unseren *göttlichen* Körpern wiedergeboren werden konnten. Als Alternative dazu führten wir unsere Seelen an einen Ort, wo sie warten konnten, bis so ein Körper frei wurde. Da wir die DNA unserer Seelen in der irdischen Dimension verankert hatten, als wir die Tier-DNA zur Aufrüstung unserer Körper in uns aufnahmen, stiegen unsere Seelen nach dem Tod nicht hoch genug auf, um mit unserer Seelengruppe in Kontakt treten zu können. Ein Teil dieser Seelen, bekannt als euer Schatten oder Ego, blieb in der irdischen Dimension. Das beunruhigte uns, denn wir wollten nicht, dass eine Seele verloren ging. Da wir wussten, wie wir *den Weg unserer Seelen verfolgen* konnten, nachdem sie ihr körperliches Gefäß verlassen hatte, schufen wir mehrere Orte, an denen diese Seelen Unterschlupf finden konnten. Das Innere der Erde half uns bei dieser schwierigen Aufgabe. Wir hinterließen ägyptische Schriftrollen und Bücher, die Informationen darüber enthielten.

Die Seele ist bewusste Energie, die man mit einem sehr wertvollen *Speicherchip* vergleichen kann. Wir wollten nicht, dass unsere Seelen zwischen den Dimensionen verloren gingen – und wir wollten auch nicht, dass sie in die Hände der falschen Menschen gerieten.

Im Gleichgewicht bleiben

Mit der Zeit begannen die Söhne Belials falsche Gerüchte darüber zu verbreiten, dass diejenigen, die einen Gott töteten, in der Lage wären, sich die ganze Essenz dieses Gottes zunutze zu machen. Damit begann für alle Außerirdischen eine düstere Zeit. Zuerst wurden wir zur Minderheit, dann mussten wir uns auch noch vor böswilligen Menschen verbergen. Also verhüllten wir unsere leuchtende Aura, um wie Menschen auszusehen. Wir hätten zwar auch die Möglichkeit gehabt, uns ins Innere der Erde zurückziehen, doch wir wollten ja der Menschheit dienen. Ein paar von uns suchten tatsächlich im Inneren der Erde Zuflucht, und wir freuten uns für sie, aber viele von uns blieben an der Erdoberfläche, um das Gleichgewicht zwischen der Energie der Dunkelheit und der Energie des Lichts zu erhalten.

Götter, Erleuchtete, Magis – oder wie auch immer ihr sie nennen wollt – waren Wesen, die zu eurer Seelenfamilie gehörten. Sie wussten, wie man mit den Elementen arbeitet, und konnten engelhaften wie dämonischen Geistern Befehle erteilen. Zum Beispiel hat König Salomon diese Kunst beherrscht. Sie wussten, wie man Prana dazu bringen kann, mit der Seele in Verbindung zu treten, um körperliche Heilungen zu erzielen, so wie Jesus es vermocht hat, und sie konnten Gegenständen magische Kräfte einhauchen, wie etwa Merlin, um nur ein paar Beispiele aus der Geschichte zu nennen. Es gab viele, die übernatürliche Fähigkeiten und Kräfte besaßen, wie ihr es nennen würdet. Manche Menschen wünschten sich ebenfalls solche Fähigkeiten, wollten sich aber nicht die Zeit nehmen, das dazu notwendige Wissen zu erlangen, und so wurden diese erleuchteten Wesen (IHR) zu einer gefährdeten Spezies in der irdischen Dimension.

Manche Menschen glaubten den Göttern ihre Energie rauben zu können, indem sie sie dazu zwangen, ihre Essenz an sie weiterzugeben. Aber das ist natürlich nicht möglich, die Essenz einer Seele würde niemals freiwillig in den Körper eines anderen Menschen eintreten, vor allem nicht, wenn die betreffende Person mit dieser Energie negative Absichten verfolgt. Die Menschen hielten diese Götter oft als Geiseln gefangen, bis sie beschlossen, sie zu töten, weil sie glaubten, ihre Essenz durch den Verzehr ihres Herzens oder durch Trinken ihres Blutes gewinnen zu können. Diese falsche Vorstellung war ihnen von den Wesen eingegeben worden, die sich auf dem Weg der Dunkelheit befanden. Diese Götter hätten die Menschen mühelos töten und ihnen entkommen können, doch sie wollten lieber zu Opfern werden, als irgendjemandem Schaden zuzufügen.

Unser Fehler bestand darin, dass wir euch keine GRENZEN gesetzt haben. Wir behandelten alle Wesen gleich und glaubten, dass sie unsere Freundlichkeit erwidern würden. Unsere Herzen waren von Natur aus gütig. NEIN zu sagen und Grenzen zu setzen, lag nicht in unserer Natur, und so rieben wir uns mit der Zeit innerlich auf. Ein weiterer Fehler, der uns erst später bewusst wurde, war, dass wir uns wie überfürsorgliche Eltern benahmen und Entscheidungen für alle Wesen trafen, die sich nicht auf unserer Bewusstseinsebene befanden, statt sie ihre eigenen Entscheidungen fällen zu lassen, egal ob gut oder schlecht. Wir fragten nicht danach, ob die Menschen unsere Hilfe überhaupt wollten, sondern gingen naturgemäß davon aus, dass jeder den Wunsch hatte, geheilt zu werden und sich weiterzuentwickeln, so wie wir. Also stürzten wir uns mit Feuereifer in unsere selbstgewählte Mission, die Menschheit zu retten. Wir stellten uns freiwillig dafür zur Verfügung, alle Menschen zu retten. Doch zu unserer großen Bestürzung war nicht jeder bereit, sich retten zu lassen. Vielleicht waren es in Wirklichkeit nur wir, die damals eine Seelenheilung gebraucht hätten, weil wir das Gefühl hatten, versagt zu haben.

Gottes Energie gehört allen, trotzdem muss jeder seinen eigenen Weg finden, um mit dieser Energie in Kontakt zu treten. Die Würdigkeit dazu kann man sich durch ehrenhaftes Handeln erwerben. Wenn jemand aus den Fehlern lernt, die er in seinem Leben begangen hat, kann seine Seele gereinigt werden. Durch diesen Prozess kann man mühelos wieder mit der Frequenz Gottes in Verbindung treten. Wer sich positiv verhält, dem wird Gutes zuteil. Man darf nicht habgierig sein, anderen Schaden zufügen oder sich mit Negativität umgeben und erwarten, von Natur aus ein Anrecht auf alles Wissen zu haben.

Jede Energie folgt den gleichen Grundprinzipien: *Man bekommt das, was man ist.* Was ihr gebt, kommt in dreifacher Form zu euch zurück. Wenn ihr zum Beispiel eine negative Wirkung auf andere Menschen ausüben wollt, wird diese Energie in dreifacher Stärke auf euch zurückfallen. Das Gleiche gilt auch für positive Dinge. Diese Energiegesetze gelten ausnahmslos für jegliche Lebewesen in diesem Universum. Als das Negative auf die Menschen zurückzufallen begann, gaben sie allen anderen die Schuld, statt selbst die Verantwortung für ihr Verhalten zu übernehmen.

Wir traten wieder mit dem göttlichen Ursprung in Verbindung und begannen den Kosmischen Widerstand durch Positivität und bedingungslose Liebe auszugleichen. Heute setzt ihr diese Arbeit fort und tragt dazu bei, dass der Erde und den Menschen eine Zukunft voller Inspirationen offenstehen wird. Erinnerungen daran, wer ihr seid, gibt es auch heute noch in Ägypten und auf der ganzen Welt in Form von Gebäuden, Statuen, Zeichnungen und anderen Kunstwerken. Die meisten dieser Werke sind sichtbar, weil deine Augen die Fenster zu deiner Seele sind.

Deine Seele soll dadurch angeregt werden, nach Erinnerungen zu suchen, wer du in Wahrheit bist.

Wir erhoben es zu einer unserer obersten Prioritäten, dieses Wissen zu bewahren, damit es an künftige Generationen weitergegeben werden konnte, falls ihr es dann noch brauchen würdet. Die Urfassung dieser Lehren existiert auch heute noch und wurde durch bewusste Energieschichten hergestellt. Wenn du dir Zugang zu diesen uralten Lehren verschaffst, erwirbst du dadurch Wissen. Wenn du nach diesen Lehren handelst, erlangst du dadurch Weisheit. Diese Weisheit wird dich mit deinem höheren Selbst in Kontakt bringen, das dich dann dazu anleiten kann, deine uralten Seelenerinnerungen wiederzuentdecken. Und dann kannst du die Fähigkeiten, die du früher einmal besaßest, weiterentwickeln und positive Reichtümer anziehen.

Diese Seelenlehren wurden vor langer Zeit, beginnend in Atlantis, auf Tafeln festgehalten und später in verschiedenen Sprachen in Buchform gebracht. All diese Lehren wurden später geheim gehalten und in aller Stille von Generation zu Generation weitergegeben – in mündlicher, schriftlicher oder visueller Form als Kunstwerke. Die alten Lehren zeigen dir absichtlich keinen schnellen Weg zur Macht, da dieser

Weg fast immer selbstzerstörerisch ist. Bevor man ein Meister werden kann, muss man erst einmal seine Lehrlingszeit erfolgreich absolviert haben.

Du hast nicht versagt!

Wenn du dich an deine uralte Geschichte erinnerst, hast du die Möglichkeit, zu verzeihen und dein wahres Ich zu akzeptieren. Sobald du gelernt hast, die niedrigeren menschlichen Energien zu überwinden, erhältst du Zugang zu deinem früheren außerirdischen Wissen – deinem Seelengedächtnis. Das sind die Quellen deiner verborgenen Kraft.

Viele von euch tragen immer noch ein seltsames, unerklärliches Gefühl des Versagens und der Wertlosigkeit in ihrer spirituellen DNA mit sich herum. Ihr fühlt euch in eurem Leben festgefahren und habt Angst davor, vorwärtszugehen und eure Träume zu verfolgen. Manchmal habt ihr das Gefühl, dass ihr euch einfach verstecken solltet, vor allem, wenn ihr spirituellen Studien oder einer spirituellen Arbeit nachgeht.

Vielleicht bist du ein angesehener Mensch, verfügst über eine solide Ausbildung und einen guten Beruf und wirst von deinen Kollegen und deiner Familie respektiert. Trotzdem hast du insgeheim das Gefühl, deine Mitmenschen zu enttäuschen. Du glaubst dir die Erreichung deiner Ziele irgendwie *erschwindelt* zu haben. In Wirklichkeit weißt du natürlich, dass das kein Schwindel war, sondern dass es dich große Mühe gekostet hat, an den Punkt zu kommen, an dem du heute stehst. Trotzdem kommst du dir insgeheim weiterhin wie ein Versager und Hochstapler vor und versuchst diese Gefühle vor deinen Mitmenschen zu verbergen, weil du fürchtest, dass sie nicht mehr deine Freunde, Mitarbeiter, Kunden oder

Geschäftspartner sein wollen, wenn sie herausfinden, dass du in Wirklichkeit *nichts wert* und ein *Schwindler* bist. Diese negativen Gefühle zermürben dich.

Wenn du solche Empfindungen hast – nicht jedem geht es so –, dann hast du deine niederfrequenten Erinnerungen an frühere Leben aktiviert. Doch statt in sie hineinzuschauen, hast du sie weggeschlossen, weil du Angst davor hast, was du dabei entdecken könntest. Damit blockierst du gleichzeitig auch die guten Erinnerungen aus derselben Zeit, sodass sie nicht wieder an die Oberfläche steigen können.

Dein jetziger, auf dem Ego beruhender Verstand des einundzwanzigsten Jahrhunderts übersetzt diese vagen Erinnerungen an frühere Leben in starke Schamgefühle, damit jeder sie sehen kann – das ist seine seltsame Art, dich zu schützen. Er zeigt dir diese Schamgefühle, statt dir die Wahrheit und deine positiven Erinnerungen zu zeigen, weil er sonst Gefahr laufen würde, seine Kontrolle über dich zu verlieren.

Ein Schamgefühl ist nur eine Erinnerung, die dir energetisch aufgeprägt wurde, und diese Erinnerung enthält die Botschaft: »Schaut mich an – ich habe [in irgendeiner Hinsicht] versagt.« Wenn man dieses uralte Gefühl der Scham empfindet, ist das eigentlich etwas, worüber man sich freuen sollte, weil es keine niedrigere Energie gibt als diese und man sich dann endlich fragen kann: »Worin habe ich versagt?«

In Wahrheit ist es gar nicht so schlimm, wie es sich anfühlt, denn wir haben alle schon irgendwann einmal versagt. Zum Beispiel, als wir unseren Fuß auf den Kontinent Lemurien setzten – weil uns das dahin geführt hat, wo wir heute sind. Aber wie können wir einfach hinnehmen, dass das alles ein Fehlschlag war? Schließlich sind wir an unserer Erderfahrung alle zusammen innerlich gewachsen, und wir müssen akzeptieren, dass nichts ohne Grund geschieht.

Misserfolg ist einfach nur eine Chance, etwas zu lernen und sich zu verändern. In dieser Welt der Dualität ist Versagen der beste Lehrer, den es gibt.

Sollst du dich wirklich *verstecken*, nur weil du ein hochentwickeltes außerirdisches Wesen warst, das in der irdischen Dimension einen Fehler begangen hat? Vielleicht hast du eine falsche Entscheidung getroffen. Und wenn schon! Jetzt gibt es niemanden mehr, der dich deshalb verurteilen kann, außer dir selbst. Vielleicht warst du ja durch die Umstände gezwungen, Entscheidungen zu treffen, die du normalerweise niemals treffen würdest. Wie oft wurden Menschen bereits dazu gezwungen, um jeden Preis ums nackte Überleben zu kämpfen? Genau so ist es dir damals auch ergangen.

Vor der Sintflut wart ihr intelligente Wesen, die ein bewusstes Leben führten und versuchten, ihr Bestes zu tun. Aber ihr habt befürchtet, dass euer Bestes nicht gut genug war, weil es auf dem Kampf ums Überleben beruhte.

Diese Gefühle von Scham, Schuld, Angst, Versagen und Sorge sollen dich einfach nur daran erinnern, wer du bist. Scham- und Schuldgefühle sind nichts, worüber man bis ans Ende seines Lebens nachgrübeln sollte. Also verzeih dir selbst und anderen. Damit kannst du dieses Versagen heilen, und statt dich weiter zu schämen, wirst du anfangen, deinen eigenen Wert zu akzeptieren. Dann wird bedingungslose Liebe dir eine Tür zu einem höheren Bewusstsein öffnen, in dem Versagen keine Rolle mehr spielt.

- Setze anderen Menschen Grenzen! Es ist nichts Schlimmes daran, *Nein* zu sagen, wenn dich jemand unter Druck setzen oder dazu verpflichten möchte, etwas zu tun.
- Respektiere die Entscheidungen anderer Menschen. Eine auf bedingungsloser Liebe beruhende Vorgehensweise wür-

de so aussehen, dass du Respekt vor der Entscheidung eines Menschen hast. Die Konsequenzen daraus, egal ob gut oder schlecht, sollen ihm als Lebenslektionen dienen. Sei wie eine Mutter oder ein Vater, der geduldig wartet, bis das Kind ihn um Hilfe bittet.

- Biete deine Hilfe denjenigen an, die sich helfen lassen wollen. Wenn du zeigst, was du zu bieten hast, werden schon die richtigen Leute auf dich zukommen. Lerne, zwischen Menschen zu unterscheiden, die sich wirklich helfen lassen möchten, und denjenigen, die dich einfach nur ausnutzen. Denke daran, Grenzen zu setzen!

9

Warum wir unser außerirdisches Bewusstsein vor der Welt verschlossen haben

*Die Seelenerinnerungen von Außerirdischen
sind ein sehr wertvoller Schatz.*

Schließlich wurden die Kommunikationsverbindungen zwischen der Erde und anderen Planeten repariert, und die Sternenwesen bauten eine neue Sternentor-Station, die es ihnen ermöglichte, zwischen der Erde und anderen Planeten hin und her zu fliegen. Daraufhin entdeckte der Rat des Lichts die Existenz der menschlichen Rasse, die sich in rasantem Tempo vermehrte, und den kollektiven Anteil, den wir an ihrem Leben hatten. Wie du bereits weißt, plädierten wir damals für das Überleben der Menschheit. Der Rat des Lichts war bereit, sich unsere Argumente anzuhören, und machte uns nach reiflicher Überlegung einen Kompromissvorschlag: Er würde den Menschen eine Chance geben, sich weiterzuentwickeln – aber nur unter der Bedingung, dass die Menschen genau überwacht und regelmäßig begutachtet wurden, um festzustellen, ob sie im Begriff waren, sich zu gutwilligen Wesen zu entwickeln, oder ob sie sich womöglich auf dem Weg zur Selbstzerstörung befanden.

Wir hatten das Gefühl, zu Lehrern der Menschen werden zu müssen, um ihnen bei der positiven Entwicklung zu helfen, die der Rat des Lichts von ihnen erwartete. Also stellten wir uns freiwillig als Lehrer zur Verfügung. Allerdings hatte die Sache einen Haken: Um die Menschen belehren zu können, mussten wir bereit sein, uns in menschlichen Körpern zu inkarnieren. Der Rat des Lichts hatte die Regel aufgestellt, dass die Götter (Außerirdischen) nach der biblischen Sintflut nicht mehr in außerirdischen Körpern unter den Menschen leben durften. Diejenigen, die ihnen von der höheren Dimension aus helfen wollten, konnten das nur als *unsichtbare Geistführer* tun und durften den Menschen, die auf sie hörten, auch nur begrenzt Ratschläge und Empfehlungen geben. Außerdem mussten wir uns an die Regel halten, dass ein Lichtwesen, das keinen physischen Körper besitzt, auf der Erde nichts Materielles erschaffen darf. Daher zogen die meisten von uns es vor, sich in einem Körper zu inkarnieren, der uns die Möglichkeit bot, etwas *Konkretes* zu erschaffen – beispielsweise ein Buch, eine medizinische Heilung oder eine

Erfindung –, was den menschlichen Körper einer Inkarnation überdauern und außerdem dazu beitragen konnte, die Erde zu einem besseren Ort zu machen.

Eine weitere Regel, mit der wir uns einverstanden erklärten, besagte, dass wir die Erinnerungen unserer göttlichen Seele vergessen würden, sobald wir uns in einem menschlichen Körper inkarniert hatten, weil der Besitz dieser Erinnerungen eine Gefahr für unsere Mission dargestellt hätte. Warum das so ist, werden wir euch an späterer Stelle in diesem Kapitel unter Punkt 3 (Abschnitt »Unser Seelengedächtnis«) erklären.

Wir akzeptierten diese Bedingungen, weil wir die Menschen lieben und weil wir das für eine gute Chance hielten, sie durch unser Beispiel zu belehren. Viele von uns leben auch heute noch unter euch, und viele von euch, die ihr unsere Bücher lest, sind ebenfalls Außerirdische, die sich auf der Erde inkarniert haben. Wir wussten, dass wir schon ein bisschen Hilfe auf unserer irdischen Reise brauchen würden, nachdem wir uns in einem menschlichen Körper inkarniert hatten, da es viele Lebenssituationen geben würde, über die wir keine Kontrolle hatten. Deshalb planten wir mehrere »Trigger« in Form von Situationen voraus, die uns daran erinnern sollten, dass wir keine gewöhnlichen Menschen sind, sondern auf dieser Erde einer höheren Berufung folgen.

❧ 1. Uralte Erinnerungen an unsere wahre Identität

Jeder muss den Fluss des Vergessens durchqueren und sein Gedächtnis verlieren, bevor er in einen menschlichen Körper eintreten kann.

Um Erinnerungen an unsere wahre Herkunft in uns zu wecken, planten wir bereits im Voraus eine Reihe schmerzhafter Trigger in unsere irdische Existenz ein, die ein solcher Schock für uns sein sollten, dass wir uns dadurch an unsere außerirdische Identität erinnern würden. Das menschliche Nervensystem ist wie eine übersinnliche Antenne: Wird es durch einen Schock getriggert, so wird diese Antenne vorübergehend aufnahmefähiger. Der Empfang auch nur einer winzig kleinen Information von unserem Höheren Selbst soll uns dazu anspornen, uns auf die Suche nach diesem uralten Wissen zu begeben. Es gibt nur eine Ausnahme von dieser Regel, nämlich dann, wenn du in eine bereits etablierte Lichtfamilie hineingeboren wirst, in der deine Familienmitglieder dir liebevoll dabei helfen, dein schlafendes Seelengedächtnis zu wecken. Dann brauchst du dazu keine schmerzhaften Auslöser.

❧ 2. Unsere menschliche Familie

Es gibt keine Garantie dafür, in welcher Familie unsere Seele sich inkarnieren wird. Das gilt übrigens heute noch, auch wenn wir immer wieder versuchten, möglichst großen Einfluss darauf auszuüben.

Um das zu erreichen, richteten wir es heimlich so ein, dass ein paar von uns sich inkarnieren konnten, ohne vorher den Fluss des Vergessens durchqueren zu müssen, damit sie auf der Erde Seelenfamiliengemeinschaften gründen konnten. Diese Seelen wurden in Lichtempfängnis und/oder bewusster Empfängnis ausgebildet, einer Technik, die später an die Essener weitergegeben wurde. Diese Art der Empfängnis trug dazu bei, dass die auserwählten Seelen, die der Menschheit dienen wollten, in vollständig erwachte Familien hineingeboren wurden, welche sie von Geburt an unterstützen und ihnen mit Wissen und Initiationen beistehen würden. Einige dieser Seelen meisterten auch die Kunst der Zellverjüngung und konnten ihre Lebenszeit im menschlichen Körper auf diese Weise verlängern, damit ihnen genug Zeit blieb, die alten Weisheitslehren mit anderen zu teilen, sie in mündlicher und schriftlicher Form festzuhalten und erfolgreich an künftige Generationen weiterzugeben.

☙ 3. Unser Seelengedächtnis

Warum mussten wir unser Seelengedächtnis mitsamt dem enormen uralten Wissensschatz, den es enthielt, opfern? Bis zu seiner menschlichen Inkarnation war unser Seelengedächtnis in unserem außerirdischen, genetisch veränderten Körper inkarniert gewesen. Wahres Wissen bringt große Macht mit sich. Aber denke bitte immer daran, dass Macht zwei Seiten hat – eine positive und eine negative.

Da wir sehr viel elektromagnetische Energie beherbergen konnten, schienen wir übernatürliche Fähigkeiten zu besitzen, und unsere Körper leuchteten. So konnten diejenigen von uns, die ihre besonderen Fähigkeiten weiterentwickelten, sich leicht darauf einstimmen, in ihren dreidimensionalen außerirdischen Körpern die Frequenzen zusätzlicher Dimensionen zu halten. Wir konnten uns auf der Astralebene bewegen, mit den verschiedensten Dimensionen kommunizieren und bewusst mit dem Universalen Geist und der Kosmischen Liebe in Kontakt treten. Es war eine schwierige Entscheidung für uns, das alles aufzugeben, doch unser Seelengedächtnis mitzunehmen, wenn wir in einer irdischen Familie inkarnierten, wäre für erleuchtete Wesen, die in einen menschlichen Körper eintraten, äußerst gefährlich gewesen, denn dann wären sie leichter zu erkennen gewesen und zur Zielscheibe für die Söhne Belials geworden.

Der andere Grund bestand schlicht darin, dass es unrealistisch gewesen wäre, es mitzunehmen. Der physische menschliche

Körper ist naturgemäß nicht mit fünfdimensionalen oder noch höheren Energien, in denen Seelenerinnerungen gespeichert sind, kompatibel. Er muss erst adaptiert werden, um sein volles Seelenbewusstsein – oder Seelengedächtnis – in sein Nervensystem herunterladen zu können. Alles andere könnte sich negativ auf seine physische Gesundheit auswirken.

Außerdem mussten wir lernen, mit dem menschlichen Ego zu arbeiten, das ein Teil des menschlichen Wesens ist. Das *ungezähmte* Ego ist auf der Suche nach »Schleichwegen«, mit deren Hilfe es auf die Erinnerungen der Seele zugreifen kann, ohne vorher dafür zu sorgen, dass Geist, Körper und Seele auch richtig ausgebildet sind, um diese Informationen zu empfangen. Falsch verstandene Seelenerinnerungen in einem menschlichen Körper können sehr gefährlich sein und mehr schaden als nützen. Außerdem solltest du bedenken, dass Seelenerinnerungen, die für eine zu schnelle Weiterentwicklung oder für manipulative Zwecke genutzt werden, sich früher oder später gegen dich wenden werden. Im Grunde ist das genauso wie mit Streichhölzern: Wenn sie in die falschen Hände geraten, können sie einen Waldbrand auslösen und das ganze Leben im Wald zerstören.

☙ Wie könnt ihr dieses uralte Wissen wiederentdecken?

Wir unterstützten den Rat des Lichts in seiner Entscheidung, zu unserem Schutz unser Seelengedächtnis zu versiegeln. Es bedeutete, unsere besonderen Fähigkeiten vor den anderen zu verbergen, bis wir einen Weg finden würden, uns – möglichst durch spirituelles Wachstum – daran zu erinnern, wer wir sind, unser Vertrauen in den einen Wahren Gott, die Einheit, zurückzugewinnen und die Täuschungsmanöver von Betrügern und Hochstaplern zu durchschauen. Das galt für alle außerirdischen Wesen, egal ob sie sich auf dem Weg des Lichts oder der Dunkelheit befanden.

Wir hatten keine Angst vor dieser Entscheidung, denn wir wussten, dass wir schon seit der Existenz des alten Atlantischen Reichs, in dem wir als »Kinder des Gesetzes des Einen« bekannt gewesen waren, begonnen hatten, ein riesiges Depot voll von göttlichem Wissen und Aufzeichnungen anzulegen, die auf der Erde versteckt bleiben sollten, damit wir bei Bedarf darauf zugreifen konnten. Diese Aufzeichnungen, auf Tafeln und später in Büchern festgehalten, liegen in Städten im Inneren der Erde verborgen. Uraltes verschlüsseltes Wissen wurde in Pflanzen und Mineralien eingelagert. Da Wissen eine Form von Energie ist, haben wir es auch in Kunst- und Bauwerke und antike Stätten eingewoben, damit es auf der Erdoberfläche gut zu erkennen und für jede Seele, die es akzeptieren möchte, frei verfügbar ist. Wir schufen Energiezeitkapseln mit verschiedenen Downloads, die für jeden zugänglich sind, der über den richtigen spirituellen Frequenzcode verfügt. Außerdem hinterließen wir verschlüsselte Botschaften in unserer spirituellen DNA. Das ist unsere besondere Stärke: Wir sind Überbringer von Wissen, und damals glaubten wir, dass es uns – genauer gesagt: euch – mithilfe der richtigen Werkzeuge irgendwann in der Zukunft gelingen würde, unsere uralten Erinnerungen wiederzuentdecken.

Wir waren es, die dem Rat des Lichts ein Protokoll dazu gegeben hatten, wie man unser Herz, den Sitz unserer Seele, versiegeln und unsere Seelenerinnerungen unterdrücken kann. Wir schufen ein Schutzsiegel – ihr kennt es unter der Bezeichnung »Implantat« –, welches das göttliche Gedächtnis der Seele zum Zeitpunkt der Inkarnation – oder der Geburt, wie ihr es vielleicht nennt – vom menschlichen Herzen abkoppeln sollte.

Seitdem liegt das göttliche Gedächtnis der Seele wie ein uralter, wertvoller Kunstgegenstand außerhalb des Körpers verborgen. Sobald jemand eine bestimmte Stufe des Seelenwachstums erreicht, wird sein Höheres Selbst ihm zeigen, wie er das Siegel wieder entfernen und sein außerirdisches Bewusstsein, sein Seelengedächtnis, herunterladen kann.

Durch diese Vorsichtsmaßnahmen sollte verhindert werden, dass die Wesen, die auf dem Weg des Lichts oder dem Weg der Dunkelheit wandelten, diese Macht jemals missbrauchten. Ob du es glaubst oder nicht: Wir gehen dabei alle nach demselben Protokoll vor.

Wie wir unser Herz verschlossen haben

Unsere Herzen zu verschließen, fiel uns sehr schwer, doch leider war dieser Schritt für das Überleben der Familie des Lichts notwendig. Das Herz ist der Sitz der Seele, es ist die Sonne im Zentrum eures Seins, die Sonnenscheibe, die das Seelengedächtnis enthält, und somit ein Tor zu all euren außerirdischen Fähigkeiten. Dieser Verschluss unserer Herzen bedeutet, dass wir unser Seelengedächtnis an einen anderen Ort *ausgelagert* haben. Wir bezeichnen diesen Ort als »Seelenhöhle«.

Obwohl wir unsere Herzen verschlossen und versiegelten, haben wir dabei absichtlich einen Energiestrang im Herzen weit offen gelassen, nämlich die Verbindung zur Kosmischen Liebe. Durch deinen Herzschlag bist du dadurch immer mit der Kosmischen Liebe verbunden. Durch Kosmische Liebe kann deine Seelenfamilie in der Sprache der Emotionen – der Sprache deiner unendlichen Seele – mit dir kommunizieren. Deshalb könnten wir eigentlich alle die Liebe unserer Seelenfamilie und die Liebe Gottes wahrnehmen. Wir hatten gehofft, dass die Sprache der Liebe uns bei unserer Suche nach dem Wissen, das man braucht, um das Siegel wieder zu entfernen und sein Herz vollständig zu öffnen, den Weg zeigen würde.

Emotionen sind ein Teil der Sprache des Lichts, und wir empfehlen euch, zu lernen, wie man diese Sprache entschlüsselt. Das kognitive Verständnis des Prozesses, mit dem wir dieses Siegel erschaffen haben, wurde dadurch blockiert, dass ein Teil der energetischen Nervenbahn zwischen Herz und Verstand durchtrennt wurde. Das Siegel hat seinen Sitz in der Zirbeldrüse und ist mit Widerstandsenergie programmiert (mehr darüber erfahrt ihr in Kapitel 10). Das hatten wir uns so überlegt, damit *unwürdige* Wesen nicht dahinterkommen konnten, wie man es entfernt. Bildlich gesprochen, ist dieses Siegel so etwas wie der Hammer des Gottes Thor: Nur ein Würdiger kann ihn anheben.

Die Essener wussten, wie man das Siegel öffnet

Das heilige Wissen, wie man dieses Siegel öffnet und auf das Seelengedächtnis zugreift, um den Sitz der Seele – dein Herz oder die Sonnenscheibe – zu aktivieren, wurde schon seit Urzeiten auf der ganzen Welt insgeheim von Seelenfamilie zu Seelenfamilie weitergereicht. So gab in Ägypten die Familie des Pharaos Echnaton dieses Wissen an ihre Nachkommen weiter, die später unter dem Namen »Essener« bekannt wurden. Die alten Eingeweihten haben dieses Wissen sorgfältig für euch aufbewahrt – in Worten, aber auch in Zeichnungen, die in Stein gemeißelt wurden, damit eure Seele sich eines Tages, wenn ihr diese Zeichnungen und Inschriften findet, daran erinnert.

Sind euch schon einmal alte Kunstwerke aus Ägypten aufgefallen, auf denen eine Sonnenscheibe zu sehen ist, die am Himmel schwebt und Energiestrahlen auf eine bestimmte Person herabsendet? Diese jahrtausendealten Bilder und eingeritzten Zeichen sind Beispiele, die hinterlassen wurden, um euch zu zeigen, wie man das außerirdische Bewusstsein – oder Seelengedächtnis – in euer menschliches Bewusstsein herunterlädt, sobald ihr innerlich bereit seid, dieses Wissen zu empfangen. Die Sonnenscheibe, die über einzelnen Personen schwebt, steht für die Seelenhöhle, und die Strahlen, die die Sonnenscheibe aussendet, sind ein Symbol für das Seelengedächtnis.

Wir kommen deshalb so oft auf die Essener zu sprechen, weil diese Gemeinschaft vor etwa zweitausend Jahren, also zu Lebzeiten von Jesus Christus, auf der Erde existiert hat. Das ist eine Zeit, mit der aufgrund der heutigen religiösen Überzeugungen und Lehren über Jesus Christus und über die Menschen jener Zeit die meisten von euch etwas anfangen können. Daher kann euer Geist leichter mit dieser Zeitlinie in Kontakt treten, vor allem, wenn ihr in die Energiefelder eintretet oder die alten Hinweise findet, die die Essener in der Erde versteckt haben in der Absicht, dass ihr sie später einmal finden *sollt*.

Viele Essener waren Lichtwesen, die in menschlichen Körpern lebten, genau wie ihr es heute seid. Lange vor jener Zeit waren diese Lichtwesen als ägyptische Götter, Göttinnen und andere Gottheiten bekannt gewesen. Einige ihnen lebten in weit entfernten Teilen der Welt und trugen andere Namen, wurden von den Menschen jener Zeit aber immer noch als Götter und Göttinnen angesehen. Davor waren sie Atlanter, und einige von ihnen waren bereits Lemurer gewesen. Das sind eure Vorfahren! Bitte macht euch klar, dass ihr das letzte Mal, als ihr eure Seelenerinnerung vollständig verkörpert habt, höchstwahrscheinlich in einer irdischen Inkarnation zur Zeit der Essener lebtet.

Seelenheilung

Als Sternenwesen in einem menschlichen Körper zu leben, ist eine schwierige Herausforderung – vor allem in den letzten zweitausend Jahren. Auf diesen Zeitraum wollen wir nun einmal näher eingehen, weil er noch nicht so weit zurückliegt und eure Seelen währenddessen besonders stark geschädigt wurden. Ihr bedürft also einer besonders intensiven Seelenheilung aufgrund jener Zeit, um wieder in euer uraltes außerirdisches Seelengedächtnis aufsteigen zu können. Wie bereits erwähnt, liegen diese alten Erinnerungen nicht in eurem menschlichen Körper verborgen, sondern wurden in eure Seelenhöhle ausgelagert. Nur euer Höheres Selbst weiß, wie ihr auf diese Energie zugreifen und sie euch zurückholen könnt.

Viele von euch wurden damals dazu aufgerufen, sich der Gemeinschaft der Essener anzuschließen, in deren Familien zu inkarnieren und diese spirituelle DNA-Blaupause bis zum heutigen Tag zu bewahren. Bis zu eurer geplanten jetzigen kollektiven Inkarnation im einundzwanzigsten Jahrhundert, vor allem um das Jahr 2012 herum, dem Kreuzungspunkt zwischen altem und neuem Kalender, als der Maya-Kalender mit seinen Vorhersagen zu Ende ging, habt ihr euch immer wieder inkarniert.

Nach dem Jahr 2012 traten wir in ein außergewöhnliches Zeitalter ein, das bis 2033 andauern wird – eine Zeit, in der ihr die Möglichkeit habt, zum Autor einer Realität zu werden, die den Lauf der Welt zum Besseren verändern kann. Bitte beachtet, dass wir/ihr nicht die Einzigen seid, die über die Existenz dieses Wissens informiert sind. Auch die dunkle Seite weiß darüber Bescheid, und auch die Wesen, die sich auf dem Weg der Dunkelheit befinden, können zu Autoren der eigenen Realität werden und den Lauf der Welt so verändern, wie es ihren eigenen Plänen entspricht.

Deshalb versuchen wir euch möglichst tiefe Einblicke in das Leben der Essener zu geben, in dem man euch beigebracht hat, wie man sein Seelengedächtnis verkörpern kann, während man in einem menschlichen Körper lebt.

Vor dem Kreuzestod und der Auferstehung Jesu Christi lebten eure Essenerfamilien enger zusammen und konnten gefahrlos miteinander in Kontakt bleiben. Die göttlichen Versammlungen, energetischen Initiationen und Meditationen waren – auch wenn sie an weit entfernten Orten stattfanden – genau geplant, sodass jeder von euch problemlos daran teilnehmen konnte. Damals tanzten eure Seelen vor Dankbarkeit, Freude und Glück über diese ganz besonderen Ereignisse, die es euch ermöglichten, in engem körperlichem Kontakt mit den Wesen zu bleiben, die ihr von ganzem Herzen liebtet und zu denen ihr Vertrauen hattet.

Doch dann – um die Zeit nach dem Jahr 50 n. Chr. – entschied der innerste Kreis der Gemeinschaft der Essener, dass es sicherer sei, sich zu verstecken, um die Verfolgungen, denen ihr ausgesetzt wart, zu überleben. Allmählich wurde es gefährlich für euch, außerhalb eurer Familie, der ihr vertrauen konntet, in aller Öffentlichkeit Gebrauch von euren Fähigkeiten zu machen, weil die Römer und andere Feinde euch dann finden und töten würden. Die Familien der Essener arbeiteten zusammen und siedelten die *Kinder des Lichts* in weiser Voraussicht auf der ganzen Welt – vor allem in Nord- und Osteuropa – an, um das göttliche Werk im Verborgenen weiterzuführen. Seitdem besucht ihr eure erweiterte Seelenfamilie nur noch alle paar Jahre und vermisst sie schmerzlich.

Deshalb habt ihr natürlich angefangen, am Sinn dieser Mission zu zweifeln.

Eure göttliche Seele hatte Verständnis für alles, was damals passiert ist, aber der menschliche Teil eurer Persönlichkeit litt unter allen möglichen negativen Emotionen und Trennungsschmerzen. Das war eine schwierige Zeit für euch. Ihr habt sie durchgestanden und an der bedingungslosen Liebe festgehalten, die in jenen düsteren Tagen zu einem Lichtschimmer der Hoffnung für euch wurde.

Um das Jahr 1000 n. Chr. waren die Menschen eifersüchtig, habgierig und neidisch auf eure Fähigkeiten und versuchten diese Gefühle nicht einmal mehr zu verbergen. Viele von ihnen wollten nicht verstehen, dass sie ihre Energie und ihre Fähigkeiten weiterentwickeln und bis auf eure Ebene emporheben konnten, denn das hätte jahrelange disziplinierte Arbeit erfordert, und sie waren nicht bereit, so viel Zeit zu investieren. Es war ja auch viel einfacher, sich an euch heranzumachen und eure Gutmütigkeit auszunutzen – und wenn ihr nicht das tatet, was sie wollten, verunglimpften sie euch. Um 1200 n. Chr. waren sie bereits so weit, euch als Hexen zu beschimpfen. Nur wenige Menschen behandelten euch als gleichwertig, ohne etwas von euch zu verlangen, und so wurdet ihr im Laufe der Zeit und eurer irdischen Inkarnationen immer müder und frustrierter.

Als die Erinnerungen an das Wissen, das Jesus Christus und Maria Magdalena in der Welt verbreitet hatten, allmählich verblassten, nahm die Zahl der wahrhaft Gottergebenen immer mehr ab, und während einer schrecklichen Zeit der Hexenverfolgungen begannt ihr euch insgeheim zu fragen: »Ist das ein Segen oder ein Fluch?«

Das Leben im menschlichen Körper war viel schwieriger, als ihr euch das vorgestellt hattet. Einige von euch wurden krank, entwickelten körperliche Funktionsstörungen und waren entsetzt darüber, wie die Menschen sich gegenseitig behandelten. Wenn die Menschen jemanden verehrten oder fürchteten, behandelten sie diese Person gut, doch zueinander waren sie oft grausam. »Ist es uns womöglich nicht gelungen, den Menschen das Richtige beizubringen?«, fragtet ihr euch.

Es gab Zeiten, in denen das Gefühl der Wut und Frustration über die Menschheit in euch übermächtig wurde. Zwar liebtet ihr die Menschen bedingungslos, doch außerhalb eurer Gemeinschaften erlebtet ihr ihre Habgier und ihr absurdes, unsinniges Verhalten aus allernächster Nähe. Vielen Menschen ging es jetzt sehr gut, weil die Söhne Belials ihnen bequeme Schleichwege zu sofortigem Ruhm zeigten. Die Söhne Belials nutzten das aus, um sie unter ihre Kontrolle zu bringen. Manchmal überkam euch angesichts all dieser Missstände ein Gefühl der Hoffnungslosigkeit. Ihr wart dankbar dafür, euch gegenseitig und eure Seelenfamilien zu haben. Das Leben im menschlichen Körper ist hart, aber wir können niemandem die Schuld für unsere eigenen Entscheidungen geben.

Immer weniger Menschen hatten Interesse daran, ihre Fähigkeiten weiterzuentwickeln, sich um spirituelle Unsterblichkeit zu bemühen, eins mit dem Universum zu sein und auf dem Weg des Lichts zu bleiben. Im Laufe der Jahrhunderte änderten die Essener immer wieder ihren Namen, um die Kinder des Lichts zu schützen …

Während dieser Zeit nahmst du verschiedene Geschlechter und Rollen an. Vielleicht gehörtest du sogar zu den wenigen, die als *physische Unsterbliche* bekannt sind. Unsterbliche wurden innerhalb der Familie des Lichts versteckt, sie waren das am strengsten gehütete Geheimnis. Wenn die falsche Person davon erfahren hätte, dass du ein solches Geheimnis bewahrtest oder einen Unsterblichen beschütztest, wäre das automatisch ein Todesurteil für dich, deine Familie und deine ganze Gemeinschaft gewesen!

Wer waren diese Unsterblichen?

Mehrere Personen aus dem innersten Kreis der Gemeinschaft der Essener wurden, sobald sie innerlich bereit dazu waren und hingebungsvoll ihren spirituellen Praktiken nachgingen, in einem mühseligen Prozess in die Grabesriten eingeweiht, die es ihnen ermöglichten, die Lebensspanne ihres physischen Körpers zu verlängern.

Der einzige Grund, über die normale Lebensdauer hinaus in einem menschlichen Körper bleiben zu wollen, war ihr Wunsch, der Menschheit zu dienen. Diese Unsterblichen wurden zu *Archivaren*, man könnte sie auch als *lebende Bibliothekare* bezeichnen. Seit dem Untergang von Atlantis haben sie sich gegenseitig in die Grabesriten eingeweiht. Man kann nicht selbst entscheiden, ob man zu einem solchen Archivar werden möchte, man muss dazu auserwählt werden. Diese tapferen Menschen widmeten ihr ganzes Leben der Neufassung alter Schriften, um die uralte Weisheit in physischer Form am Leben zu erhalten, damit sie insgeheim an zukünftige Generationen weitergegeben werden konnte.

Außerdem lehrten sie andere Menschen. Einige dieser Lehren waren so heilig, dass sie nur in mündlicher Form weitergegeben wurden – und auch nur dann, wenn der Schüler eine ausreichend hohe Bewusstseinsebene erreicht hatte, um den Sinn der Lehre zu erfassen. Dieses Wissen erhielten die Essener ebenfalls von den alten Ägyptern, und die alten Ägypter hatten es wiederum von Atlantis übernommen.

Die Gemeinschaft der Kinder des Gesetzes des Einen gelangte in aller Stille zur Blüte, weil sie im Laufe der Geschichte viele verschiedene Namen benutzten und es Außenstehenden nicht erlaubten, mit ihren Vorfahren in Kontakt zu treten. Die

Außenstehenden hatten zwar einen gewissen Verdacht, konnten ihnen aber nicht nachweisen, dass sie Kinder des Gesetzes des Einen waren, und sie somit auch nicht entlarven. Auf diese Weise überdauerten sie.

Wir schufen Energieverbindungen, die uns alle miteinander verbanden, sodass wir uns gegenseitig erkennen konnten. Diese Verbindungen sollten Trigger sein, die alte Seelenerinnerungen in euch wecken. Deshalb fühlt man sich unwiderstehlich zu jemandem hingezogen, mit dem man früher einmal zusammengelebt hat – vor allem zur Zeit der Essener. Das liegt daran, dass ihr automatisch Lichtcodes miteinander austauscht. Außerdem bedürft ihr vielleicht beide einer Seelenheilung, die ihr euch dann gegenseitig zuteil werden lassen könnt. Einfach nur in der Nähe des anderen zu sein, kann schon eine sehr heilsame Wirkung haben. Aber ihr dürft diese heilige Verbindung nicht mit romantischer Liebe verwechseln, es sei denn, eure ganze Vergangenheit ist bereits geheilt, und ihr hegt immer noch die gleichen romantischen Gefühle füreinander!

Bevor ihr zulasst, dass das Bedürfnis nach einer intimen Beziehung euren Geist trübt, wenn ihr jemandem begegnet, mit dem ihr schon unzählige Leben verbracht und viele spirituelle Reisen unternommen habt, solltet ihr erst einmal eure Beziehungen in früheren Leben unter die Lupe nehmen und lernen, zwischen Gefühlen bedingungsloser Liebe – ohne Wünsche und Bedürfnisse – und bedingter Liebe zu unterscheiden, die vielen Einschränkungen und Bedingungen unterworfen ist.

Möglicherweise taucht jemand, mit dem du spirituelle Initiationen erlebt hast, mit dem du die größten Geheimnisse bewahrt und dem du auf seinem Weg hier auf der Erde geholfen hast, während deine Seele in anderen Welten unterwegs war, jetzt wieder in deinem Leben auf – aber vielleicht nicht als Lebenspartner, sondern zum Zweck der Seelenheilung, seiner oder deiner. Das könnte zum Beispiel jemand sein, mit dem du auf Seelenebene für immer und ewig verbunden bist, weil er oder sie zu deiner Seelenfamilie gehört.

Es gibt nichts Intimeres als eine reine Seelenverbindung in bedingungsloser Liebe. Diese Art der Liebe bringt *Wissen* in deine körperlichen Sinne und keine sexuelle Erregung, an die viele Menschen bei der Vorstellung einer intimen Seelenverbindung zuallererst denken. Seelenfamilienmitgliedern zu begegnen, die – genau wie ihr – in irdischen Körpern unterwegs sind, ist ein Segen, der die Reise auf dieser Ebene sehr viel angenehmer für euch macht.

Also umarmt jeden dieser Seelengefährten ganz herzlich in bedingungsloser Liebe und stärkt ihn auf seiner Reise, indem ihr ihm den größten Erfolg wünscht! Genau wie Eltern möchten, dass ihre Kinder später einmal alles besser machen als sie selbst, könnt ihr einem anderen Menschen bedingungslose Liebe schenken, indem ihr euch wünscht oder vorstellt, dass ihm etwas gelingt und er euch in seinen Erfolgen vielleicht sogar übertrifft.

Seelenheilung bringt dem Herzen Kraft und dem Körper Selbstvertrauen. Was ihr anderen gebt, werdet ihr in dreifacher Menge zurückerhalten.

10

Widerstandsfelder

*Widerstandsfelder zu verstehen, zu meistern
und zu überwinden, wurde früher an Mysterienschulen
gelehrt. Heute ist der Lehrplan der Mysterienschulen
nahtlos in dein Alltagsleben eingewoben.*

Widerstand ist einfach nur ein Energiefeld, das du auf dem
Weg durchschreiten musst, der dich zur Öffnung deines Herzens und zur Wiedergewinnung deines Seelengedächtnisses
führt. Mach dir klar: In Wirklichkeit sind die ersten beiden
Widerstandsfelder nur eine Ansammlung falscher Vorstellungen, die du als Wahrheiten akzeptierst, weil du darauf konditioniert worden bist. Diese Vorstellungen manifestieren sich
dann in deinem realen Leben als chaotische Ereignissträge,
die eine falsche – und doch absolut wirkliche – Realität schaf-

fen, und diese Realität hindert dich daran, dein Ziel zu erreichen: nämlich dein fragmentiertes Ich zu heilen und die Mission deiner Seele zu manifestieren.

Dieser Prozess kann bei jedem anders ablaufen. Wie stark dein jetziges Widerstandsfeld ist, hängt nicht vom Selbstwertgefühl deines Egos, sondern vom Selbstwertgefühl deiner Seele ab. Je niedriger dein Selbstwertgefühl, umso stärker ist dein Widerstand. Jedes Widerstandsfeld bietet dir eine einmalige Gelegenheit, deine Lebenslektionen genauer unter die Lupe zu nehmen und zu entscheiden, ob du etwas daraus gelernt hast oder nicht. Falls ja: Hast du dann endgültig mit dem Leiden abgeschlossen? Kannst du einfach loslassen und alles so akzeptieren, wie es ist? Kannst du dich von deinem Höheren Selbst leiten lassen? Bist du bereit, bedingungslose Liebe zu deiner wichtigsten schöpferischen Willenskraft zu machen und zu begreifen, dass du es wert bist, dir deine ursprünglichen Energien zurückzuholen, und dass du weißt, wie du sie nutzen musst, um der Menschheit zu dienen?

Es gibt drei verschiedene Widerstandsebenen.

Persönlicher Widerstand
Ich bin wertlos.

Diese Vorstellung liegt tief in deinem vierten Chakra innerhalb deiner Seele verborgen und redet dir immer wieder ein: *»Ich bin nicht gut genug, ich bin ein Versager, ich muss um alles kämpfen, ich bin arm, ich bin krank und so weiter.«*

    ☙ **Positive Affirmation:** *Ich akzeptiere mich selbst. Ich bin wertvoll. Ich liebe mein ganzes Ich (Körper und Geist) bedingungslos.*

Sobald dir dein persönlicher Widerstand bewusst wird, kannst du die negative Stimme in deinem Inneren durch positive Affirmationen ersetzen. Dadurch wird dein täglicher persönlicher Widerstand spürbar abnehmen. Sei dir darüber im Klaren, dass du damit ein individuelles, persönliches Muster veränderst, das tief in deiner Psyche verankert ist. Dieses Muster ist schon seit langem ein Teil von dir und wird von deinem Ego gesteuert. Dein Ego wird dich diesen Schritt zwar tun lassen, aber mit ziemlicher Sicherheit versuchen, das alte Muster wieder in dir zu verankern, während du dich im Traumzustand befindest, und zwar vor allem in luziden Träumen. In solchen Träumen wird dir bewusst, dass du träumst, und du erlebst Situationen oder Parallelrealitäten, die unter dem Einfluss deines von Angst gesteuerten Egos entstehen. Das fühlt sich genauso real an wie dein Wachzustand, und oft erinnerst du dich hinterher auch noch genau an die Details.

Vielleicht erlebst du schambesetzte Traumsituationen, zum Beispiel, dich nackt an einem öffentlichen Ort aufzuhalten, oder du träumst davon, zu versagen, dein Ziel nicht zu erreichen, auch wenn du dir noch so große Mühe gibst. Es kann aber auch sein, dass du im Traum etwas vergisst, zum Beispiel, eine wichtige Mahlzeit für deine Familie zu kochen, die Kinder von der Schule abzuholen oder zur Arbeit zu gehen. Diese Träume wollen dir den Gedanken einimpfen, dass du ein Versager bist, dass niemand dich liebt und dass es keinen sinnvollen Grund dafür gibt, etwas an deinem Leben ändern zu wollen.

Wenn du aus so einem Albtraum aufwachst, atme einfach ein paarmal tief durch und denke daran, in der Gegenwart zu bleiben. Lege die linke Hand auf deinen Bauch und die rechte Hand auf deine Stirn und konzentriere dich auf deine Atmung oder auf den »Om«-Laut. Dadurch kannst du dich leichter wieder in die Gegenwart zurückversetzen. Falls dein Traum dich trotzdem immer noch beunruhigen sollte, kannst du auch die Pranayama-Technik »Kühlender Atem« ausprobieren, bei der man die Zunge rollt und einige Male durch diese gerollte Zunge ein- und ausatmet, um seinen Vagusnerv zu beruhigen.

Bestehe auf deinen Grenzen und führe für jeden Tag eine To-do-Liste, die du abstreichst. Konzentriere deine ganze bewusste Aufmerksamkeit nur auf den jeweiligen Tag, bewahre dir eine positive Grundhaltung und bemühe dich stets, voranzukommen. Manchmal muss man das Leben einfach nur ein bisschen ruhiger angehen und einen Tag nach dem anderen auf sich zukommen lassen.

Sobald du dir deines luziden Traums voll und ganz bewusst wirst, was bei manchen Menschen während einer Astralreise geschieht, kannst du diese Energie selbst in die Hand nehmen und die Qual deines Egos in Heilung und innere Kraft verwandeln. Deine Traumzustands-Energie ist eine starke Manifestationsenergie, und dein Ego will nicht, dass du daraus Wissen gewinnst. Mit ein bisschen Übung kannst du lernen, diese Energie zu beherrschen und sie dir zunutze zu machen, um während dieses Traums bewusst alles zu manifestieren, was du möchtest.

In deinen luziden Träumen, auf der Astralebene, in Parallelrealitäten oder während der Meditation ruht dein physischer Körper sicher und geborgen an dem Ort, an dem du ihn zurückgelassen hast, während dein Energiekörper auf Reisen geht. Anders gesagt: Du bist keine feste Masse, sondern ein Wesen, das aus Energie besteht. In dieser energetischen Form besitzt du hundertprozentige Willensfreiheit, und dadurch fällt es dir leichter, an deinem Traumort alles zu manifestieren, was du möchtest. Dort bist du wie ein Gott.

Findest du dich im Traum nackt an einem öffentlichen Ort wieder? Dann gib dir etwas zum Anziehen und sage dir, dass du dich nicht zu schämen brauchst. Hast du mit deinem Geschäft Schiffbruch erlitten? Dann denke darüber nach, was du tun kannst, um es zu retten!

Das muss nicht unbedingt ein realistischer Lösungsansatz sein wie in unserem Alltagsleben, aber es muss etwas Positives sein. Vielleicht hattest du nicht genug Geld, um das Geschäft am Laufen zu halten? Dann kannst du bewirken, dass du im Traum im Lotto gewinnst oder einen Schatz auf deinem Dachboden findest. Setze deine kreative Fantasie ein! Alles, was du dir während dieses Traums vorstellen kannst, wird in diesem Traum auch geschehen.

Dann könnte das Ergebnis zum Beispiel folgendermaßen aussehen: Du hast dein Geschäft eröffnet und bist damit erfolgreich, dienst vielen Menschen und führst ein gutes Leben. Und wenn du wieder aufwachst, wirst du das Gefühl haben, dass dir etwas gelungen ist. Du wirst dich stark fühlen und denken: *Ich schaffe das!*

Wenn derjenige Teil deiner selbst, der sich in der energetischen Dimension befindet, glücklich und erfolgreich ist, sollte es dir automatisch genauso gehen. Zum Beispiel weißt du, dass man kreativ sein muss, um Erfolg zu haben. Wenn es mit einer Idee nicht klappt, dann wird die nächste Idee erfolgreich sein. Diese energetische Dimension wird dir viele positive Inspirationen und Möglichkeiten eröffnen, wenn du nur bereit bist, auf deine innere Stimme zu hören. Denke daran: Auf jede Aktion folgt eine Reaktion.

Während du an deinem persönlichen Widerstandsfeld arbeitest, solltest du dir deiner Schwächen bewusst werden. Dein Ego hat den größten Anteil daran, doch du wirst auch auf negative Energie stoßen, die dich aufzuhalten versucht, weil diese Widerstandsebene, die von Angst und Leiden erfüllt ist, ihr Nahrung bietet: Für diese negative Energie ist sie eine Art *Büfett, an dem man sich nach Belieben den Magen vollschlagen kann.* Sobald du diese Ebene überwunden hast, wird sie von einer Seele weniger ernährt, und dann macht sie sich natürlich Sorgen darüber, dass du auch anderen beibringen könntest, wie man das schafft.

Mach kein großes Aufhebens um diese negative Energie – schließlich ist es nur Energie! Sie sieht deine Schwächen und wird dich mit *falscher positiver* Energie versorgen, um dich im Reich der Illusion gefangen zu halten. Wenn du dich zum Beispiel danach sehnst, in ein kosmisches Wesen verliebt zu sein, könnte dir im Geist plötzlich tatsächlich ein energetisches Traumwesen begegnen. Du könnest dich in dieses Wesen verlieben und diese Beziehung bis ans Ende deines Lebens genießen. In deiner Fantasie wird sie so real sein, wie du sie dir wünschst. Vielleicht fühlt sie sich auch in körperlicher Hinsicht real an, doch dieses Wesen wird niemals eine echte physische Person sein, mit der du zu einem romantischen Abendessen in dein Lieblingsrestaurant gehen kannst, und du wirst bald anfangen, dich von der Realität abzukoppeln und in einer trügerischen Fantasiewelt zu leben. Wohlmeinende Lichtwesen würden dich niemals so in die Irre führen.

Willst du ein Superheld sein und die Welt retten? Dann wird dieselbe negative Energie dich in andere Dimensionen führen, dir Waffen in die Hand drücken und dich davon überzeugen, dass du im Kampf gegen irgendwelche Bösewichter die Welt rettest. Sie wird dir vorgaukeln, dass die Erde oder die Menschen, die du liebst, ohne diese nächtlichen Kämpfe in deinen luziden Träumen in echter Gefahr wären. Das kann sogar so weit gehen, dass du morgens mit Narben, Kratzern und körperlichen Schmerzen aufwachst.

Die Energie, die dieses persönliche Widerstandsfeld erzeugt, wird dir entweder Angst einjagen oder dir das, wonach du dich sehnst, in Form einer Illusion zuteil werden lassen. Zum Beispiel wird sie dir kein Geld geben, dir aber den festen Glauben einimpfen, dass du eines Tages im Lotto gewinnen wirst. Diese Energie wird dir vorgaukeln, dass du in Zukunft das großartigste Leben führen wirst. Sie wird dich in Träume von einer Zukunft einlullen, in der du von gewaltigem Reichtum umgeben bist, sodass du nur noch auf dieses Ereignis wartest, statt die konkreten Schritte in der Gegenwart zu unternehmen, die notwendig sind, um dir die Zukunft aufzubauen, die du dir wünschst.

Du solltest dir darüber klar werden, dass du zwar ein Autor der Realität bist, aber nichts schreiben kannst, wenn du immer nur in den Wolken einer rosigen Zukunft schwebst, dich in den Armen eines nur in deinen aufregenden Träumen existierenden perfekten Liebhabers wähnst oder ständig irgendwelche galaktischen Schlachten auf der Astralebene austrägst. Früher wurde das Meistern und Überwinden des persönlichen Widerstandsfelds an Mysterienschulen gelehrt. Heute ist der Lehrplan dieser Schulen nahtlos in dein Alltagsleben eingewoben. Schau einmal auf dein Leben und sei dabei ganz ehrlich zu dir. Überlege dir, was an deinem Leben real ist und was nicht. Wie viel reale – physische – Zeit hast du in die Beschreibung deiner Realität investiert, und wie viel physische Zeit investierst du, um deine Träume zu verwirklichen?

☙ **Wie geht man dabei vor?**
Sei in deinem Leben präsent.

Testen der Energie: Frage die Energie drei Mal, ob sie von der Liebe und vom Licht kommt. Daraufhin musst du drei Mal die Antwort Ja erhalten. Dann weißt du, dass du wirklich mit positiver Energie in Kontakt stehst.

Sei ein Macher.

Geh das Leben einen Tag nach dem anderen an.

Bewahre dir eine positive Einstellung.

Liebe dich und kümmere dich gut um dich selbst.

Verliebe dich in dich selbst, damit auch die Welt sich in dich verlieben kann!

Übe dich darin, ein Gefühl bedingungsloser Liebe zu empfinden: dass du bedingungslos geliebt wirst und bedingungslos lieben kannst.

Kollektiver Widerstand
Ich habe Angst vor Menschen, oder ich empfinde die Menschheit als frustrierend. Ich bin lieber allein.

Diese Überzeugungen liegen tief in deinem dritten Chakra verborgen. Dabei redet dein Ego dir immer wieder ein: »*Ich habe kein Vertrauen zu den Menschen, weil sie mich früher verletzt haben. Ich habe Angst vor den Menschen. Ich empfinde die Entscheidungen, die sie treffen, als frustrierend. Ich fühle mich durch meine Lebensumstände eingeschränkt. Niemand kann mein Leben und das, was ich durchgemacht habe, verstehen.*«

  ✎ **Positive Affirmation:** *Ich akzeptiere die Menschen und respektiere ihre Entscheidungen.*

Sobald du das persönliche Widerstandsfeld überwunden hast, bleibt dir mehr Zeit, um tief durchzuatmen und dich wohl zu fühlen. Dieser Zustand kann – je nach dem individuellen Verlauf deiner Reise – ein paar Wochen, Monate, ja sogar Jahre anhalten. In dieser Zeit wirst du daran arbeiten, dein Leben zu verändern und deine Träume zu verwirklichen – bis du auf den kollektiven Widerstand stößt.

Hattest du schon einmal das Gefühl, dass du am liebsten lauthals schreien würdest, um deine Frustration loszuwerden? Oder bist du vielleicht sogar tatsächlich schon einmal total ausgerastet und hast jemanden angeschrien, weil du mit deiner Geduld am Ende warst? Genau das macht der kollektive Widerstand mit dir: Er bringt dich dazu, deine Zeit und Energie für andere Menschen zu opfern, die das um ihres persönlichen Vorteils willen von dir verlangen (oder dich freundlich darum bitten). Es ist nichts daran auszusetzen, anderen Menschen aus freiem Willen einen Gefallen zu erweisen – ganz im Gegenteil: So etwas sollte man sogar tun. Doch wenn jemand dich dazu drängt und du dich plötzlich verpflichtet fühlst, immer mehr zu geben, weil du Angst davor hast, Nein zu sagen, dann bist du in einem Widerstandsfeld gefangen.

Höchstwahrscheinlich wirst du dann heftige Emotionen der Frustration, Wut oder Verzweiflung über die Menschen erleben, die dir – bildlich gesprochen – einen Nackenschlag nach dem anderen versetzen. Vielleicht fühlt es sich sogar so an, als hätte jemand mit einem Dolch auf dich eingestochen. Doch hinter all dieser Energie steckt in Wahrheit nur die Angst, ohne fremde Hilfe keine Kontrolle darüber ausüben zu können, in welche Richtung die Menschheit sich bewegt. Und vielleicht empfindest du die kollektiven menschlichen Emotionen von niedriger Dichte auch allmählich so, als wären es deine eigenen. Und wenn du tatsächlich einmal Zeit für dich selbst oder für ein Projekt findest, das dir am Herzen liegt, werden garantiert alle möglichen Leute mit dringenden Notfällen zu dir kommen und deine Hilfe brauchen. Wenn das passiert, beruhige dich einfach und atme ein paarmal tief durch. Solche Probleme kommen und gehen, genau wie ein auf dem Fluss dahintreibender Ast.

Vielleicht fängst du auch an, alle paar Monate für drei Tage in eine düstere Stimmung einzutauchen, die man als »dunkle Nacht der Seele« bezeichnet, doch diesmal erlebst du diese dunkle Nacht auf kollektiver menschlicher Ebene. Eine spirituelle Wiedergeburt durchzumachen, wird für dich keine außergewöhnliche mystische Erfahrung sein, sondern zur Normalität werden. Manche Menschen werden so etwas vielleicht sogar jeden Tag erleben. Das kann ziemlich anstrengend und zermürbend sein. Vielleicht hast du dann das Gefühl, das negative Karma der ganzen Menschheit auf dich genommen zu haben und es nun reinigen zu müssen. Das macht keinen Spaß. Du steckst ganz einfach im Kreislauf des kollektiven Widerstands fest! Wie lange willst du dieses kollektive Karma reinigen? Wie viele Wiedergeburten musst du durchlaufen, bevor du bewusst entscheidest, dass es dir jetzt endlich reicht? Wie lange brauchst du, um aus diesem chaotischen Teufelskreis auszusteigen und einfach ein paar tiefe, beruhigende Atemzüge zu tun?

Auf dieser Stufe wird die kollektive Energie dir physische Anreize bieten, um dich zu beschäftigen, weil sie dich von deiner Mission, dieses Widerstandsfeld zu überwinden und der Menschheit zu dienen, ablenken will. Angenommen, du möchtest in eine andere Stadt oder ein anderes Land ziehen, hast schon alles geplant – und plötzlich findest du neue Freunde, nach denen du dich schon immer gesehnt hattest. Oder du möchtest dich beruflich neu orientieren – und plötzlich bietet dein Arbeitgeber dir ganz unerwartet eine Gehaltserhöhung an, um dich in seiner Firma zu halten. Oder du wolltest eigentlich meditieren, aber dein Mann hat sich, um dir eine Freude zu machen, ein Video ausgeliehen, von dem du vor ein paar Tagen gesagt hattest, dass du es gern sehen würdest. Auf den ersten Blick scheinen das alles positive Ereignisse zu sein, doch wenn solche Dinge immer wieder passieren und dich von deinem Ziel ablenken oder dich – bildlich gesprochen – als Geisel gefangen halten, dann sind das in Wahrheit nur Tricks des kollektiven Energiefelds. Befrage deine Intuition, um unterscheiden können, welche dieser Ereignisse Zeichen sind, die dich vorwärtsbringen wollen, und bei welchen es sich lediglich um Anreize handelt, die dich in einem Zustand der Stagnation verharren lassen.

All diese Anreize, die dir auf den ersten Blick positiv erscheinen, sind nämlich nur ein vorübergehender Lichtblick in deinem Leben. Schon innerhalb kürzester Zeit wirst du wieder in derselben negativen Energie gefangen sein. Zum Beispiel kann es sein, dass die Gehaltserhöhung, die du an deinem jetzigen Arbeitsplatz erhältst, dir nicht die neuen Möglichkeiten bietet, die du in einem neuen Job hättest. Du verdienst dann zwar mehr Geld, entwickelst dich aber nicht wirklich weiter.

Betrachte diese falsche Realität wie eine außenstehende Person, die von einem Balkon aus in deine Wohnung hineinschaut! Du wirst sehen: Kollektiver Widerstand ist eigentlich etwas sehr Lustiges. Er verursacht entweder Chaos, sodass du das Gefühl hast, als seien alle Menschen um dich herum plötzlich verrückt geworden – als würden sie dauernd etwas von dir wollen und nicht akzeptieren, dass du ab und zu auch einmal ein bisschen Zeit für dich selbst brauchst, als würden sie sich schlecht benehmen und ständig mit Problemen ankommen –, oder er bietet dir vorübergehend das, was du dir wünschst.

Denke einfach daran, dass du gerade eine Energiebarriere durchschreitest! Hab Vertrauen zu dir selbst und lerne, auch dem Universum zu vertrauen. Dieses Feld ist einfach nur Energie und kein Monster, das dich in Stücke reißt und frisst, wenn du Nein sagst. Wenn du dich in einem Drama oder Chaos oder in einem bestimmten Lebensmuster gefangen fühlst, geh auf deinen »Balkon« hinaus und betrachte die Situation aus einer höheren Perspektive – als seist du nicht du selbst, sondern jemand anders. Nimm dir vor, deine Emotionen von der Situation abzukoppeln, in der du dich befindest, dann wird das, was passiert, was auch immer es sein mag, dich emotional nicht verletzen, und wenn du nicht verletzt bist, hast du auch nicht das Gefühl, irgendwie in diese Situation involviert sein zu müssen. Dann wirst du plötzlich in der Lage sein, zu sehen, was von dir gebraucht wird und was nicht. Dann erkennst du, ob du irgendetwas tun kannst oder ob du dich lieber respektvoll zurückhalten und nicht in die Situation hineinziehen lassen solltest.

Natürlich werden diejenigen, die an deine selbstlose Güte gewohnt waren und dich ausgenutzt haben, jetzt vielleicht versuchen, dir ein schlechtes Gewissen einzureden oder dich zu beschämen. Sie werden schlecht über dich reden und dir das Gefühl geben, dass du ein schlechter Mensch bist. Aber denk doch einmal nach: Wenn die anderen Menschen dich für einen selbstlosen Engel hielten, solange du ihnen geholfen hast, wie kannst du dich dann plötzlich in dieses schändliche Schwarze Schaf verwandelt haben, nur weil du beschlossen hast, damit aufzuhören? Schließlich bist du immer noch derselbe Mensch, oder nicht? Das ergibt doch keinen Sinn, oder?

Du musst dir klarmachen, dass du jetzt *nicht mehr* derselbe bist! Du bist jemand, der den Mut gefunden hat, für sich und andere Menschen einzutreten.

Bleibe auf deine Aufgabe konzentriert. Vielleicht wird es Tage geben, an denen du ängstlich und mutlos bist oder aufgeben möchtest. Vielleicht hast du dann das Gefühl, dich am liebsten im Bett verkriechen und für immer schlafen zu wollen. Je ängstlicher, wütender oder frustrierter du bist, umso schwieriger wird diese Barriere für dich zu überwinden sein.

༷ Wie geht man dabei vor?

Konzentriere dich auf die Gegenwart.

Fokussiere dich auf deine Aufgaben und täglichen Aktivitäten.

Setze anderen Menschen Grenzen und plane regelmäßig ein bisschen Zeit für dich selbst ein, um an deinen Zielen zu arbeiten.

Übe, Nein zu sagen, wenn es angebracht ist.

Verliebe dich in die Menschen, damit die Menschen sich auch in dich verlieben.

Übe dich darin, jeden Tag vor lauter Dankbarkeit ganz außer Rand und Band zu sein.

Übe dich in einem Gefühl inneren Friedens.

Übe, dein Leben aus einer höheren Perspektive zu betrachten, und lerne, Illusionen zu durchschauen.

Tritt mit Tieren und mit der Natur in Verbindung.

Lerne zwischen dem, was dir hilft, und dem, was dich in deinen Fortschritten behindert, zu unterscheiden.

Kosmischer Widerstand
Ich bin ein Waisenkind. Ich fühle mich von Gott verraten und im Stich gelassen.

Diese Überzeugungen liegen tief in deinem fünften Chakra verborgen, blockieren dich in deiner Fähigkeit zur Neuprogrammierung und reden dir immer wieder ein: »*Woher soll ich wissen, wer ehrlich ist und die Wahrheit sagt? Ich habe keine Zeit für dauerhafte Veränderungen. Ich bin in jeder Hinsicht unzufrie-*

den mit dem Leben auf der Erde. Ich möchte diesen Inkarnations-
zyklus lieber verlassen, als der Menschheit zu dienen.«

ॐ **Positive Affirmation:** *Ich ergebe mich in den Willen*
Gottes und lasse mich vom Strom der kosmischen
Energie tragen.

Für das Wort »Gott« kannst du in dieser Affirmation auch
»mein Höheres Selbst« einsetzen, denn dein Höheres Selbst ist
Gott und mit Gott eins.

Wenn du die Phase des persönlichen Widerstands überwindest, entscheidest du dich für bedingungslose Liebe zu dir selbst
und anderen Menschen. Liebe ist eine unglaublich starke Energie. Wer von der Ebene der Angst zur Ebene der Liebe aufsteigt,
ist nicht fähig, anderen zu schaden, er wünscht sich keine Kriege, sondern beginnt nach einer kollektiven Lösung zu suchen,
um diese Welt zu einem besseren Ort zu machen.

Wenn du das kollektive Widerstandsfeld überwindest,
kannst du als Überbringer von Wissen und innerer Wandlung
anderen Menschen helfen. Dann wirst du dich wieder in die
Menschheit verlieben und zu dem Schluss kommen, dass sie es
wert ist, gerettet zu werden, und dass du es wert bist, ihr zu
helfen. Das ist ein wichtiger Punkt in deiner spirituellen Entwicklung, vor allem, wenn du möchtest, dass dies deine letzte
Inkarnation auf der Erde ist. An diesem Punkt wirst du verstehen und freudig akzeptieren, dass du ein Lichtwesen in einem
menschlichen Körper bist und dass das menschliche Leben
tatsächlich eine angenehme Reise sein könnte.

Nach alledem wirst du in die Phase des kosmischen Widerstands eintreten. Der beste Weg, den kosmischen Widerstand
zu beschreiben, besteht darin, einmal einen Blick in unsere
Vergangenheit zu werfen …

In atlantischer Zeit haben wir alle physische und spirituelle Höhenflüge erlebt und bewusst etwas an der natürlichen Evolution des Lebens verändert. Ursprünglich hatte das Leben der Außerirdischen auf der Erde nur ein in Isolation existierendes Experiment sein sollen. Wir hatten nicht in das bereits auf der Welt existierende Leben eingreifen wollen. So vergingen Jahrtausende, und als sich erste Anzeichen eines möglichen Untergangs zeigten, ignorierten viele diese Warnsignale. Statt mit der Einheit der Kosmischen Liebe und des Universalen Geistes in Verbindung zu bleiben, koppelten sie sich nach und nach immer mehr von der höheren Führung ab. Sogar die Kinder des Gesetzes des Einen standen nur noch halbherzig mit der höheren Führung in Kontakt, da das Leben auf der Erde ihnen so viel Freiheit, so intensive emotionale und körperliche Erlebnisse bot – und außerdem waren wir alle immer noch auf der Suche nach dem wahren Wesen *Gottes*. Mit anderen Worten: Die Außerirdischen haben auf der Erde kollektiv, ohne einer bestimmten Seite die Schuld daran zu geben, Widerstände in der kosmischen Energie erzeugt.

Die kosmische Energie fließt naturgemäß in einem Zustand der Harmonie. Sie gleicht einer schönen Sinfonie. Dieses Universum ist vollkommen diszipliniert und könnte auf logische Weise durch Zahlenreihen definiert werden. Harmonie ist formbar wie ein Gestaltwandler, und solange sie in reibungslosem Fluss ständig *ihre Form verändert* wie das Bild im Kaleidoskop eines Kindes, ist alles in Ordnung.

Doch damals in Atlantis ist Folgendes passiert – und das wiederholte sich dann leider in eurer Geschichte immer wieder: Disharmonie führte zum Untergang des Atlantischen Reichs. Wir schufen einen Ersatzgottkristall, in dem wir unsere DNA verankerten, um auf der Erde leben und gedeihen zu können. Wir hatten vorher keine richtigen Nachforschungen angestellt. Wir hatten keinerlei Vorkenntnisse darüber, wie sich diese Vorgehensweise auf uns alle auswirken könnte, und deshalb fehlte diesem Projekt jegliche Weisheit für die Zukunft. Stattdessen ersannen wir immer mehr Schleichwege, um zu physischem Reichtum zu gelangen. Zu diesem Zweck wandten wir uns an unsere Gentechniker, die genau das erschaffen konnten, was wir uns wünschten. Das Ziel bestand für uns darin, physische Erdenkörper zu besitzen, die es uns ermöglichen würden, mehr physische Dinge zu erschaffen und zu bewirken, also zum Beispiel Gold und andere Bodenschätze abzubauen, Werkzeuge und Maschinen zu bauen und dergleichen mehr.

Die Fähigkeit, etwas Physisches zu erschaffen, könnte man als Energie des Universalen Geistes betrachten, während spirituelles Wissen als Energie der Kosmischen Liebe gelten kann. Anders ausgedrückt: Atlantis war technologisch sehr hoch und spirituell sehr niedrig entwickelt, und daher war es dem Untergang geweiht. Das Universum muss sich in einem ausgewogenen Zustand befinden. Genau deshalb haben die Kosmische Liebe und der Universale Geist, wie ihr bereits an früherer Stelle in diesem Buch gelesen habt, sich ursprünglich zu einer Einheit verbunden, um zu testen, ob diese Einheit in Harmonie existieren kann. Wir hielten das für möglich.

Wenn jemand oder etwas ein Ungleichgewicht herbeiführt, wird die Energie naturgemäß darauf hinarbeiten, dieses Ungleichgewicht zu korrigieren und wieder in einen Zustand der Harmonie zurückzukehren. Das Gesetz von Aktion und Reaktion gilt für das gesamte Universum. Es lag daher – zumindest für diejenigen, die auf die spirituellen Gesetze eingestimmt waren – immer klarer auf der Hand, dass der Untergang von Atlantis unausweichlich war. Um es deutlich zu sagen: Dieser Untergang wurde *nicht* von höheren planetarischen Wesen geplant, denn diesen Wesen lag die Erde so sehr am Herzen, dass sie sich niemals ihre Zerstörung gewünscht hätten, und sie empfinden auch heute noch genauso wie damals. Uns allen ist die Entwicklung der Erde nach wie vor äußerst wichtig, denn wir haben eine Menge in sie investiert. Außerdem lieben wir die Menschheit und Gaia und schützen schon deshalb die Erde, so gut wir können.

Über allen Universen steht eine höhere Gewalt, die alles im Gleichgewicht hält. Wir wollen diese höhere Gewalt einstweilen einmal *Schicksal* nennen.

Sich durch die Wege des Schicksals hindurch zu manövrieren, ist genauso, wie wenn man ein Segelboot steuert: Man kann die Segel setzen und zum Herrscher seines Meeres werden, solange man in harmonischem Einklang mit seiner Umwelt und dem Kosmos steht und solange man *mit* den Winden des Schicksals segelt und nicht gegen sie.

Wie schon erwähnt, besitzt du das Seelenwissen oder Seelengedächtnis, um das Schicksal zu verändern. Du kannst in das Schicksal eingreifen, doch das kannst du nur im Einklang mit dem Willen Gottes. Diese Energie Gottes ist kein herzloser Herrscher, sondern lässt dich deine eigenen Entscheidungen treffen, so wie liebevolle Eltern es tun.

Wenn deine Entscheidung falsch war, fällst du hin und schürfst dir die Knie auf, war sie richtig, dann schwebst du schwerelos durch die Lüfte wie ein Vogel.

Jegliches Leben im Universums kennt Augenblicke, in denen es sich ausnahmslos **dem Willen Gottes ergeben muss**, weil es ein Teil der Einheit ist und die Einheit Gott ist. Wir bilden da keine Ausnahme. Wenn wir das Schicksal ändern, was ja durchaus möglich ist, so darf das nicht auf unseren, euren oder meinen individuellen Wunsch hin geschehen, sondern muss im höchsten Interesse aller Beteiligten liegen.

Deshalb hat – wie du aus unserer Geschichte gelernt hast – der kosmische Widerstand so eine enorme Kraft, die einen ganzen Kontinent, ja sogar einen ganzen Planeten zerstören kann. Aber darüber brauchst du dir jetzt keine Gedanken zu machen. Du bist inzwischen aus dem kollektiven Widerstand in das kosmische Widerstandsfeld übergewechselt, und um dich mühelos von dieser kosmischen Energie tragen lassen zu können, musst du zunächst einmal dein Vertrauen zu einer höheren Instanz zurückgewinnen. Du musst loslassen und dir von deinem Höheren Selbst zeigen lassen, wie du deine besonderen Fähigkeiten für den Dienst an der Menschheit nutzen kannst. Denke daran: *Genau wie dein H*öheres Selbst mit Gott eins ist, so bist auch du mit Gott eins, und Gott ist eins mit dir.

Wenn du Widerstand empfindest, der von diesem Widerstandsfeld herrührt, wird dir höchstwahrscheinlich immer wieder auffallen, dass elektrisch betriebene Gegenstände wie Computer, Kamera, Telefon oder Waschmaschine kaputtgehen, wenn du dich über irgendetwas aufregst, oder dass Glühbirnen um dich herum explodieren, wenn dein innerer Zorn außer Rand und Band zu geraten droht.

So amüsant das auch sein mag – die Tatsache, dass du mühelos elektrische oder batteriebetriebene Geräte kaputtmachen kannst, bedeutet, dass du gerade einen Machtkampf mit dem kosmischen Widerstandsfeld führst: Du möchtest, dass alles so läuft, wie du es dir wünschst, und die kosmische Energie will wiederum ihren Willen durchsetzen.

Sobald dir das klar wird und du deine Wünsche und Bedürfnisse loslässt, wird die energetische Ebene, die Dinge kaputtmacht, sich in dieselbe Ebene positiver Energie verwandeln, mit der du etwas erschaffen kannst.

Deine Seelenenergie fließt im Einklang mit dem kosmischen Feld. Sie kann eine ganze Bevölkerung zerstören oder erschaffen. Genau deshalb habt ihr eure Energie damals in der Seelenhöhle versiegelt: damit weder ihr selbst noch irgendjemand anders eure göttlichen Kräfte und Fähigkeiten missbrauchen konnte.

⌒ Wie geht man dabei vor?

Finde dein Seelensymbol. Informationen und eine Meditation dazu findest du im ersten Band von *Heilungscode der Plejader* und auf der dazugehörigen CD.

Gewinne wieder Vertrauen zu einer höheren Macht, zu Gott. Meditiere und frage, was du tun kannst, um der Menschheit zu dienen.

Lass einfach los – lass dich von deinem Höheren Selbst leiten. Vertraue auf die Antwort, die du auf deine Frage erhalten wirst.

Übe, dich während dieser Meditation in die Seelenhöhle zu begeben, um Zugang zu deinem Seelengedächtnis zu erlangen. Wie das geht, werden wir an späterer Stelle noch beschreiben.

Solange du die verschiedenen Stufen noch nicht überwunden hast, kann es leicht passieren, dass du dich ständig zwischen ihnen hin und her bewegst. Betrachte das jedoch nicht als negativ. Diese Stufen Schritt für Schritt hinter dir zu lassen, ist so etwas Ähnliches wie das erfolgreiche Absolvieren von Einweihungen an den Mysterienschulen früherer Zeiten.

11

Die Eröffnung des Siegels

Meditation ist ein Tor zum Unbekannten.
Sie bringt dem Ego innere Ruhe und der Seele Freiheit.

Statt dir ausführlich zu erklären, wie du das Siegel eröffnen und Zugang zu deinem Seelengedächtnis gewinnen kannst, haben wir eine Meditation mit genauen Schritt-für-Schritt-Anleitungen für dich entwickelt.

Doch jeder Mensch ist anders und braucht deshalb vielleicht auch eine etwas andere Vorgehensweise. Höre stets auf deine Intuition und glaube an dich selbst.

In Kapitel 4 haben wir dir drei Energieübungen beigebracht. In der ersten Übung bist du über dein Nervensystem mit deinem Körper in Kontakt getreten, in der zweiten hast du bedingungslose Liebe zu deiner schöpferischen Willenskraft gemacht und in der dritten hast du das Geheimnis der Manifestation erlernt.

Bei der nun folgenden Meditation wirst du auf diesen Fähigkeiten aufbauen und einen persönlichen Wandlungsprozess durchmachen. Arbeite dich durch deine Widerstandsfelder hindurch, bis du das Gefühl hast, das kosmische Feld erreicht zu haben, und es dir nicht mehr schwerfällt, dich in den Willen Gottes oder deines Höheren Selbst, wie auch immer du es nennen möchtest – denn auch du bist ein Gott –, zu ergeben.

Vielleicht wird es ein bisschen Zeit und Übung erfordern, das Siegel deines Seelengedächtnisses zu eröffnen. Vielleicht gelingt es dir aber auch schon beim ersten Versuch. Das hängt wirklich davon ab, an welchem Punkt deiner spirituellen Reise du dich gerade befindest. Wie auch immer – du kannst dich darauf verlassen, dass wir dir dabei zur Seite stehen werden und dich unterstützen.

Meditation in 13 Schritten

❧ Schritt 1

Schließe die Augen und konzentriere dich auf deine innere Energie, statt deine Aufmerksamkeit auf die Außenwelt zu richten. Atme tief ein und lass dann die ganze Atemluft wieder aus deinen Lungen hinausströmen. Wiederhole das noch zwei Mal, bis du dich innerlich ruhig und zentriert fühlst.

❧ Schritt 2

Sprich laut oder in Gedanken vor dich hin: »Ich bitte darum, mit der Energie Gottes in Kontakt treten zu dürfen. Danke! Ich bitte darum, mit meinem Höheren Selbst in Verbindung treten zu dürfen. Danke! Ich bitte darum, mit der Frequenz bedingungsloser Liebe in Kontakt treten zu dürfen. Danke!«

Als Nächstes stellst du dir vor, immer mehr von bedingungsloser Liebe erfüllt zu sein, die von oberhalb deines Kopfes in dich hineinfließt – in Kopf, Nacken, Schultern, Arme, Brust, Rücken, Bauch, Hüften und Beine.

Nimm dir Zeit für diesen Schritt und genieße das Gefühl bedingungsloser Liebe, das dich dabei erfüllt.

☙ Schritt 3

Als Nächstes öffnest du deine Chakras, deine Energiezentren. Sprich laut oder in Gedanken vor dich hin: »Ich bitte die atlantische Kristallenergie, mit meinem ganzen Wesen in Kontakt treten zu dürfen.«

Atme die Kristallenergie der Erde ein und ziehe sie in dein erstes Chakra hinein. Stell dir vor, wie eine leuchtend rote Farbe aus deinem ersten Chakra austritt und sich über dieses Energiezentrum hinaus ausdehnt.

Atme die Kristallenergie der Erde ein und ziehe sie in dein zweites Chakra hinein. Stell dir vor, wie eine leuchtend orange Farbe aus deinem zweiten Chakra austritt und sich über dieses Energiezentrum hinaus ausdehnt.

Atme die Kristallenergie der Erde ein und ziehe sie in dein drittes Chakra hinein. Stell dir vor, wie eine leuchtend gelbe Farbe aus deinem dritten Chakra austritt und sich über dieses Energiezentrum hinaus ausdehnt.

Atme die Kristallenergie der Erde ein und ziehe sie in dein viertes Chakra hinein. Stell dir vor, wie eine frische grüne Farbe aus deinem vierten Chakra austritt und sich über dieses Energiezentrum hinaus ausdehnt.

Atme die Kristallenergie der Erde ein und ziehe sie in dein fünftes Chakra hinein. Stell dir vor, wie eine beruhigende himmelblaue Farbe aus deinem fünften Chakra austritt und sich über dieses Energiezentrum hinaus ausdehnt.

Atme die Kristallenergie der Erde ein und ziehe sie in dein sechstes Chakra hinein. Stell dir vor, wie eine tief mitternachtsblaue Farbe aus deinem sechsten Chakra austritt und sich über dieses Energiezentrum hinaus ausdehnt.

Atme die Kristallenergie der Erde ein und ziehe sie in dein siebtes Chakra hinein. Stell dir vor, wie eine kosmische violette Farbe aus deinem siebten Chakra austritt und sich über dieses Energiezentrum hinaus ausdehnt.

Als Nächstes siehst du vor deinem inneren Auge, wie diese Energie sich noch mehr ausweitet und mit dem Stern Alcyone in den Plejaden in Verbindung tritt.

∂ Schritt 4

Kehre nun in dein Herz zurück, in dein viertes Chakra – den Sitz deiner Seele. Lege beide Handflächen auf dein Herz und akzeptiere die Tatsache, dass du ein Sternenwesen bist, das zurzeit in einem menschlichen Körper lebt. Sprich laut oder in Gedanken vor dich hin: »Ich akzeptiere mich selbst. Ich akzeptiere dieses menschliche Gefäß als körperliches Medium für meine jetzige Inkarnation. Ich bin wertvoll. Ich liebe mein ganzes Ich – Körper und Geist – bedingungslos.«

Dann sendest du Energiewellen bedingungsloser Liebe aus, die von deinem Herzen ausgehen und in deinen ganzen Körper hineinfließen. Atme drei Mal langsam und tief durch und spüre, wie dein ganzer Körper von bedingungsloser Liebe erfüllt ist. Atme mit jedem Atemzug die nun folgende Affirmation ein und atme sie dann in dein Aurafeld aus:

»Ich bin bedingungslose Liebe.
Ich bin bedingungslose Liebe.
Ich bin bedingungslose Liebe.«

∂ Schritt 5

Als Nächstes legst du die Handflächen auf deinen Bauch, dein drittes Chakra. Dort begegnest du deinem furchtlosen Partner, dem Ego. Sprich laut oder in Gedanken vor dich hin: »Danke, dass du mich beschützt hast, liebes Ego. Ich liebe dich. Können wir von jetzt an als gleichberechtigte Partner zusammenarbeiten und gemeinsam einen Glaubenssprung wagen? Können wir als Team der Menschheit verzeihen?«

(Wenn du das Gefühl hast, dass dein Ego dir zustimmt, machst du mit den nächsten Schritten weiter. Wenn nicht, halte an dieser Stelle inne, konzentriere deine spirituelle Arbeit auf die Heilung deines menschlichen Egos und setze diese Reise fort, sobald du dich innerlich bereit dazu fühlst.)

Sprich laut oder in Gedanken: »Ich akzeptiere die Menschheit und respektiere ihre freien Willensentscheidungen – trotz der Konsequenzen. Ich bin hier, um den Menschen zu helfen, die sich helfen lassen wollen. Ich liebe die Menschheit.«

Dann sendest du Energiewellen friedlicher Energie aus, die von deinem Bauch ausgehen und in deinen ganzen Körper fließen. Atme drei Mal langsam und tief durch und spüre, wie dein ganzer Körper von friedlicher, gelassener Energie erfüllt ist. Atme mit jedem Atemzug die nun folgende Affirmation ein und atme sie dann in dein Aurafeld aus:

»Ich akzeptiere die Menschheit und respektiere ihre freien Willensentscheidungen.

Ich akzeptiere die Menschheit und respektiere ihre freien Willensentscheidungen.

Ich akzeptiere die Menschheit und respektiere ihre freien Willensentscheidungen.«

❧ Schritt 6

Als Nächstes legst du deine Handflächen an deinen Hals, dein fünftes Chakra. Von jetzt an begleitet dein Ego dich auf deinem Weg. Du hast den dunklen Raum betreten, und ihr beide müsst nun auf die höhere Führung Gottes vertrauen. Sprich laut oder in Gedanken vor dich hin: »Ich ergebe mich in den Willen Gottes.«

Spüre, wie die bedingungslose göttliche Liebe in all deinen Zellen vibriert. Lass dich zu verborgenen Fenstern in diesem dunklen Raum hinführen. Finde mithilfe deiner Intuition die dunklen Jalousien, die vor diesen Fenstern hängen, öffne sie und lass das Licht herein scheinen.

Von jetzt an sind dein Ego und du Liebe, und das Licht wird euch für immer und ewig auf eurem Weg geleiten.

Dann sendest du Energiewellen absoluten Vertrauens aus, die von deinem Hals ausgehen und in deinen ganzen Körper hineinfließen. Atme drei Mal langsam und tief durch und spüre, wie dein ganzer Körper von absolutem Vertrauen erfüllt ist. Atme mit jedem Atemzug die nun folgende Affirmation ein und atme sie dann in dein Aurafeld aus:

»Ich vertraue auf mein höheres Selbst und ergebe mich in den Willen Gottes.

Ich vertraue auf mein höheres Selbst und ergebe mich in den Willen Gottes.

Ich vertraue auf mein höheres Selbst und ergebe mich in den Willen Gottes.«

ᔧ Schritt 7

Als Nächstes legst du die Handflächen auf dein erstes Chakra. Hier stellt ihr beide – du und dein Ego – euch allen möglichen Ängsten. Denke daran: Du hältst die Frequenz der Liebe, und Licht scheint auf deinen Weg herab.

Bekräftige jetzt laut oder in Gedanken: »Ich bin sicher und geborgen.«

Es gibt nichts, wovor du dich fürchten musst, weil du auf die Führung Gottes vertraust. Liebe ist die wunderbare Frequenz, die dich zum Eingang deiner Seelenhöhle führt.

Dann sendest du Energiewellen des Gefühls der Sicherheit und Geborgenheit aus, die von deinem ersten Chakra ausgehen und in deinen ganzen Körper fließen. Atme drei Mal langsam und tief durch und spüre, wie dein ganzer Körper von einem Gefühl der Sicherheit und Geborgenheit durchtränkt ist. Atme mit jedem Atemzug die nun folgende Affirmation ein und atme sie dann in dein Aurafeld aus:

»Ich bin sicher und geborgen.

Ich bin sicher und geborgen.

Ich bin sicher und geborgen.«

ᔧ Schritt 8

Nun siehst du vor deinem inneren Auge, wie du aus deinem Körper heraustrittst. Stell dir vor, du gehst einen leicht gewundenen Weg entlang, der an deinen Fußsohlen beginnt und dann nach oben bis zu einem Punkt knapp oberhalb deines Kopfes führt. Lass dich auf dieser Reise von nichts einschüchtern. Was auch immer du siehst, ist nur eine Illusion, die dich ablenken will. Wenn du an dem Punkt oberhalb deines Kopfes angelangt bist, hast du deine Seelenhöhle gefunden.

Öffne das Tor zu dieser Höhle mit deinem Seelensymbol. Du bist jetzt und für immer und ewig der Einzige, der die Erlaubnis hat, sie zu betreten.

Deine Seelenhöhle ist voller Kristalle. Jeder Kristall repräsentiert eines deiner früheren Leben auf der Erde.

Richte dein Augenmerk darauf, herauszufinden, wo du dein Seelengedächtnis versteckt hast. Du wirst dich erinnern. Es wird in irgendeinem alten Kunstgegenstand verborgen sein, und du wirst nur dann darauf zugreifen können, wenn du das Gefühl hast, seiner würdig zu sein.

Sprich laut oder in Gedanken vor dich hin: »Ich bin es wert, mein Seelengedächtnis zu verkörpern.«

Finde den verborgenen alten Kunstgegenstand und öffne ihn, sobald du innerlich bereit dazu bist. Wenn er sich mühelos öffnen lässt, bist du es wert, dir dein Seelengedächtnis zurückzuholen. Wenn er sich nicht öffnen lässt, meditiere einfach eine Zeitlang mit diesem Gegenstand. Schon allein dadurch, dass du ihn in der Hand hältst, gewinnst du genügend Energie, um an der Weiterentwicklung deiner Seele zu arbeiten.

Wenn dein Kunstgegenstand sich öffnet, wirst du eine türkisfarbene Essenz deiner selbst vor dir sehen oder spüren. Das ist dein außerirdisches Bewusstsein, das du während deines Lebens auf der Erde genutzt hast. Das ist dein Seelengedächtnis.

Atme die Essenz dieser Türkisfarbe langsam und tief ein. Nimm dir für diesen Schritt so viel Zeit, wie du brauchst.

⧬ Schritt 9

Sobald du innerlich bereit dazu bist, holst du diese Essenz in deinen physischen Körper hinein. Dann verlässt du die Höhle wieder. Sie schließt sich hinter dir. Denke daran: Du befindest dich immer noch außerhalb deines Körpers.

Tritt bewusst in deinen Geist ein. Dabei aktiviert sich automatisch deine Zirbeldrüse. Sprich laut oder in Gedanken vor dich hin: »Ich ergebe mich in den Willen Gottes.«

Als Nächstes trittst du in deinen Hals ein. Sprich laut oder in Gedanken vor dich hin: »Ich akzeptiere die Menschheit und ihre Entscheidungen.«

Zuletzt trittst du in dein Herz ein. Sprich laut oder in Gedanken vor dich hin: »Ich bin Liebe. Ich bin der Tempel der Wahrheit.«

࿐ Schritt 10

Konzentriere dich auf dein Herzchakra und erlaube deiner türkisfarbenen Essenz, ihr Bewusstsein in dein menschliches Herz herunterladen. Atme langsam und tief ein. Spüre die Verbindung von deinem Herzen zur Sonnenscheibe über deinem Kopf und der Sonne im Zentrum des Firmaments. Es ist die Verbindung deiner eigenen zentralen Sonne zu deiner Seelenhöhle – und der Sonne im Zentrum des Alls.

࿐ Schritt 11

Erfasse all das in deinem Nervensystem.

Lege die linke Hand auf deine Blase (zweites Chakra) und die rechte Hand auf dein inneres Auge (sechstes Chakra). Atme mehrmals langsam und tief durch und konzentriere dich dabei nur auf deine Atmung. Sei dabei ganz in der Energie des jetzigen Augenblicks. Stell dir vor, wie die türkisfarbene Essenz durch dein Nervensystem mit deinem ganzen Sein verschmilzt. Vielleicht spürst du dabei ein leichtes elektrisches Summen in deinem ganzen Körper. Achte darauf, wie es sich anfühlt, in deinem Körper präsent zu sein.

❧ Schritt 12

Willkommen zurück, göttliches Lichtwesen, wir haben auf dich gewartet.

❧ Schritt 13

Sprich allen, die dir auf dieser Reise geholfen haben, deinen Dank aus. »Ich danke euch. Ich danke euch. Ich danke euch.«

12

Das Rad, das sich immer weiter dreht

Die Augen sind das Tor zur Seele.

An verschiedenen Orten auf der ganzen Erde sind uralte Symbole für dich verschlüsselt, um deine Seelenerinnerungen zu wecken. Sie sind nicht an schwer auffindbaren Orten versteckt, sondern deutlich sichtbar – zum Beispiel in Form alter Gemälde und eingeritzter Zeichen an den Wänden von Höhlen, Pyramiden und vielen heiligen Stätten. Man kann sie auch an alten Steinen, Töpferwaren oder Schmuck sehen. Sie haben die Zeiten überdauert und sind überall zu finden.

In diesem Buch haben wir bewusst immer wieder vier Schlüsselwörter verwendet: Wissen, Weisheit, Seelengedächtnis und Reichtum. Jedes Wort steht für eine bestimmte Energie. Diese vier Wörter sind oft in einem einzigen Symbol enthalten: einem Kreis mit einem Kreuz in der Mitte, das den Kreis in vier gleiche Segmente unterteilt. Diese vier Segmente besitzen eine ähnliche Energie wie die vier Jahreszeiten, die vier Himmelsrichtungen, die vier Elemente oder die vier Farben des Tarot. Symbole sind eine Universalsprache.

Die verschiedenen Sprachen der Erde unterscheiden sich zwar im Klang dieser vier Schlüsselwörter, doch die Bedeutung ist im ganzen Universum dieselbe. Jedes Wort gibt einer bestimmten Art von Energie eine Bedeutung, die als Basis für die nächste Energie fungiert.

Eines verbindet sich mit dem anderen, Schritt für Schritt im Uhrzeigersinn, beginnend mit dem Wissen am südlichen Punkt, bis der Kreis sich geschlossen hat:

Wissen → Weisheit → Seelengedächtnis → Reichtum

Wenn dieser Kreis aktiviert wird, ist er wie ein Stromkreis, der die Glühbirnen zum Leuchten bringt. Er ist ein Energiewirbel, der von einem einzelnen Menschen oder durch kollektive Aktivität erzeugt werden kann, und da es sich dabei um Energie handelt, die nicht danach fragt, wer sie nutzt, kann sie je nach der Absicht, die dahintersteht, entweder positiv oder negativ sein. Wenn du die wahre Bedeutung dieser Wörter kennst und mit der kollektiven Energie aller vier Wörter arbeitest, könntest du dadurch Zugang zu deinem Bewusstsein vor der Sintflut erlangen, zu deinem Seelengedächtnis.

Das ist eine uralte atlantische Lehre, mit der die Kinder des Gesetzes des Einen früher ebenso wie die Söhne Belials gearbeitet haben, weil sie sich alle nach spirituellem oder materiellem Reichtum – oder beidem – sehnten.

Wissen

Der Kreis beginnt seine Energie am unteren Ende der mittleren Linie zu erzeugen. Seine Basis ist Wissen.

Angenommen, eines Tages kommt dir eine Idee – zum Beispiel, den Beruf zu wechseln. Deine innere Bereitschaft dazu entzündet das Feuer in dir, das du brauchst, um dein Leben zu verändern. Du bist bereit, dich mit aller Kraft für die Erreichung deines Ziels einzusetzen, doch zunächst einmal musst du genügend Informationen sammeln, um herauszufinden, wie du das bewerkstelligen kannst. Wie du dir das nötige Wissen dazu beschaffst, bleibt deiner freien Willensentscheidung überlassen.

Natürlich musst du zu diesem Zweck Nachforschungen anstellen. Das ist eine wichtige Voraussetzung, um das Wissen zu erlangen, das du brauchst, um lernen und planen zu können. Durch dieses Lernen und Planen baust du etwas von dem Stress und der Angst ab, die mit den bevorstehenden Veränderungen einhergehen. Du befindest dich jetzt in einer tiefgreifenden inneren Wandlungsphase, für die du viel erdende Energie benötigst. Es ist wichtig, mit deinem Ego (deinem menschlichen Ich) zusammenzuarbeiten, um sicherzugehen, dass das Ego dich bei dieser Aufgabe auch unterstützen wird. Jede Veränderung verunsichert das Ego, weil es sich Sorgen darüber macht, wie es dich währenddessen weiterhin schützen soll. Also bring deinem menschlichen Ego bei, sich sicher zu fühlen, und zeige ihm, dass Veränderungen etwas Gutes sind!

Tritt mit der Natur in Kontakt, übe dich darin, deine Gedanken zu beruhigen, und überstürze auf dem Weg zur Erreichung deines Ziels nichts! Geduld ist ein Teil dieses Fundaments. Das Wissen, das du auf geistiger Ebene gewinnst, muss auch mit deinen intuitiven Emotionen in Kontakt treten. Wenn du Wissen und Gefühl miteinander verbindest, bist du näher daran, alles zu manifestieren, was du dir wünschst.

Stelle dir vor, dass deine Idee der winzig kleine Same eines Baums ist. Halte diesen Samen in den Handflächen und bring deine Liebe zu ihm zum Ausdruck. Dann legst du ihn symbolisch dort in die Erde, wo du möchtest. Tritt dabei mit Mutter Erde in Verbindung, den Reichen der Mineralien, Pflanzen und Tiere, und bitte sie um Hilfe, damit dein kleines Pflänzchen wächst und gedeiht.

Sprich Mutter Erde deinen Dank für ihre großzügige Hilfe aus. Als Nächstes bittest du, während du immer noch mit der Erde in Kontakt stehst, um das Wissen der Menschen früherer Zeiten, wie du deinen Samen (deine Idee) nähren kannst, damit er zu einem starken Baum wird. Verbringe viel Zeit mit deinem heranwachsenden Baum und versuche mithilfe deiner Intuition so viel wie möglich zu lernen.

Die Erde enthält Aufzeichnungen uralten Wissens. Im Inneren der Erde gibt es aber auch viele Städte, die von verschiedenen intelligenten außerirdischen Wesen bewohnt werden. Man weiß nie, wer einem zu Hilfe kommt. Also achte auf alle Zeichen! Es gibt keinen Zufall. Während du um Hilfe bittest, musst du geduldig und ausdauernd sein, bis du *sie* durch selbstloses Handeln davon überzeugt hast, dass du ehrliche Absichten hast und dass du das Wissen, das du empfängst, zur Unterstützung der Menschheit nutzen wirst. Die Arbeit, die du gewählt hast, könnte darauf ausgerichtet sein, der Menschheit zu helfen, zum Beispiel als Lehrer, Arzt, Autohersteller, Gärtner, Näherin oder Koch.

Vor allem aber: Bleibe in deinem Leben präsent! Verliere dich nicht in Grübeleien darüber, warum das nicht funktionieren wird, weil in der Vergangenheit vielleicht irgendetwas schiefgelaufen ist. Falls etwas aus der Vergangenheit in dir aufsteigt, heile es, aber grüble nicht darüber nach. Und verfange dich auch nicht in Träumereien von einer wunderbaren Zukunft! Bleibe im Jetzt und sammle möglichst viel Wissen, damit dein Same wächst und gedeiht.

Weisheit

Aus Wissen wird Weisheit geboren. Du weißt, dass Wissen Macht ist – sogar eine große Macht. Aber Macht ohne Weisheit hat keinen Bestand.

Setze dich in den Wipfel deines Baums. Verbringe ein wenig Zeit mit Mutter Erde, vor allem bei Sonnenuntergang. Genieße das magische Farbenspiel am Himmel, wenn die Sonne nach ihrer eintägigen Reise von Osten nach Westen schließlich untergeht. Selbst am Ende dieser Tagesreise gibt sie dir immer noch ihr Bestes. Lass deinen Tag vor deinem inneren Auge vorüberziehen. Was ist gut gelaufen, was nicht? Sei ehrlich zu dir selbst und lass all deine Enttäuschungen, deine Frustration und deinen Ärger los. Lerne in klaren Worten über Ideen und Ziele zu kommunizieren. Das wird den Samen, den du in den Boden gelegt hast, nähren und zum Wachsen bringen. So viele Missverständnisse und verletzte Gefühle entstehen durch falsche Kommunikation! Bedanke dich für deinen Tag und für alles, was heute geschehen ist.

Wenn die Sonne hinter dem Horizont zur Ruhe gekommen ist, begrüße das Dunkel der Nacht und lass deine Seele darin wandeln! Vielleicht bist du durch deine Vergangenheit in diesem Leben oder durch frühere Existenzen traumatisiert worden. Aber es war nicht die Dunkelheit, die dir geschadet hat – es waren Menschen, die wiederum von anderen Menschen manipuliert oder zu Opfern gemacht wurden, oder böswillige Wesen. Die Dunkelheit hat eine heilende Wirkung, weil sie Stille in deinen Geist einkehren lässt. Nur die Angst hält deinen Geist in Ängsten und Sorgen gefangen und redet ihm ein, dass die dunkle Nacht sein Feind sei. Dabei ist genau das Gegenteil wahr: Du kannst dich in der Dunkelheit besser vor allen Menschen verstecken, die dir vielleicht schaden wollen, als bei Tageslicht.

Die einzige Möglichkeit, dein Wissen zu nutzen, besteht darin, es in deinem täglichen Leben zu testen und herauszufinden, was davon gut funktioniert und was nicht. So findest du Weisheit. Weisheit ist veredeltes Wissen.

Sie ist ein ganz besonderer Teil deiner Identität und bestimmt deine Lebensaufgabe. Vielleicht besitzt du eine Menge Wissen über verschiedene Themen, doch nur wenn du dieses Wissen nutzt, wirst du feststellen, was du wirklich gut kannst und welche Arbeit dich begeistert.

Angenommen, du weißt sehr viel über Heilung und übst dieses Wissen auch aus, indem du Einzelbehandlungen durchführst, aber es schenkt dir keine Erfüllung. Statt deinen Werdegang als Heiler nun in Bausch und Bogen als verfehlt abzutun, könntest du stattdessen versuchen, eine Gruppe von Menschen in der Kunst der Heilung zu unterweisen. Dabei wirst du vielleicht feststellen, dass du eher ein Lehrer bist als ein Heiler, der Einzeltherapiesitzungen gibt, und dass dir das Unterrichten viel mehr Spaß macht. All das kannst du aber nur herausfinden, wenn du dein Wissen im wirklichen Leben einsetzt. Vielleicht unterscheidet sich deine Weisheit von der Weisheit anderer Menschen. Wenn du das zu respektieren lernst, vermeidest du Konflikte.

Und wenn du einmal einen schlechten Tag hattest, denke immer daran, dass die Sonne am nächsten Morgen wieder aufgeht und ein ganz neuer Tag vor dir liegt, an dem du ein Autor der Realität deines Lebens sein kannst!

Es liegt an dir, zu entscheiden, wie dein Tag verlaufen wird.

Seelengedächtnis

Im Norden bedeckt weißer Schnee das Land, und die eisigen Temperaturen schrecken jeden von einem Besuch dieser Gegend ab. Dort oben im Norden befindet sich die Seelenhöhle, in der dein Seelengedächtnis verborgen liegt, dein gesamtes außerirdisches Bewusstsein. Du selbst hast es dort versteckt, und du bist der Einzige, der es sich zurückholen kann, wenn die Zeit dafür reif ist. In der Zwischenzeit übe dich darin, in deinem Leben präsent zu sein! Lass deine Emotionen heilen, glaube an dich selbst, gewinne dein Vertrauen zum Universum und zu dir selbst zurück und entdecke deinen Wert.

Dein Seelengedächtnis ist ein zweischneidiges Schwert. Da die Erde ein Ort besonders starker Dualität ist, musst du in dein

Seelengedächtnis hineinwachsen – es wird dir nicht von selbst, gewissermaßen als Geburtsrecht, gegeben.

Anfangs werden diese Seelenerinnerungen vielleicht nur bruchstückhaft in dir aufsteigen, um dir bei der Manifestation deiner Ideen zu helfen. Das ist eine Art Test, der zeigen soll, wie gut du damit zurechtkommst. Doch auf die Quantität kommt es nicht an, denn schon das kleinste Fragment einer Seelenerinnerung ist wie ein Wolkenbruch, der dein irdisches Leben erfrischt und erneuert. Arbeite weiter mit dieser Energie, dann werden mit der Zeit immer mehr solche Erinnerungen in dir aufsteigen.

Aber bitte denke daran, dass dein Seelengedächtnis eine mächtige Waffe ist, die ebenso schöpferisch wie zerstörerisch sein kann! Das Gleiche gilt für deinen Reichtum, dein Wissen und deine Weisheit.

Viele von euch haben dieses unerklärliche Gefühl, dass ihr, wenn ihr wirklich eure ganze Macht zurückgewinnt, anderen dadurch schaden könntet – nicht mit Absicht, sondern unwillkürlich, versehentlich. Das ist ein großes Hindernis auf eurem Weg. Wenn ihr Angst vor eurem Seelengedächtnis habt, blockiert ihr euren Reichtum.

Inzwischen weißt du, dass einzig und allein du über deine Seelenenergie bestimmst. Niemand kann ihr irgendwelche Implantate, Blockaden oder kontrollierende Energien einpflanzen, ohne dass du aus freiem Willen deine Zustimmung dazu gibst. Du selbst hast der Nutzung deines Seelengedächtnisses Einschränkungen auferlegt, noch bevor du seine Funktion während deines Lebens in einem menschlichen Körper vollständig begriffen hattest. Du hast diese Energie darauf programmiert, so lange Angst vor deiner eigenen Kraft zu haben, bis du spirituell weit genug entwickelt sein wirst, um bedingungslose Liebe als deine schöpferische Willenskraft zu nutzen.

Mit diesen Vorsichtsmaßnahmen wolltest du verhindern, dass du deine Seelenenergie versehentlich missbrauchen könntest, um andere zu manipulieren oder zu bekommen, was DU willst, ohne vorher dein volles Bewusstsein erlangt zu haben. Aber jetzt legen wir den ersten Schritt – das Wissen – in deine Hand, und es liegt an dir, dieses Wissen für den richtigen Umgang mit deiner Seele zu nutzen.

Reichtum

Die Zukunft ist jetzt. Der Frühling steht in voller Blüte, und die Erde erwacht zu den betörenden Klängen neuen Lebens. Vielleicht glaubst du, dass der Reichtum erst während der Erntezeit – also im Herbst – zu dir kommen wird, doch er kommt bereits im Frühling. In jedem Frühling. Also lege jetzt die neuen Samen für die Menschheit und für dich selbst in die Erde, damit im Frühling neues Leben daraus sprießen kann! Halte die Kreisläufe des Lebens in Gang.

Bildlich gesprochen wird jeder Same sein verschlüsseltes Wissen darüber aktivieren, wie er wachsen kann, und der kleine Schössling wird gedeihen, weil er aus früheren Erfahrungen Weisheit erworben hat. Er wird keine Angst vor Tagen ohne Wasser haben, weil er weiß, dass die älteren Bäume ihre großen Wurzeln unter der Erdoberfläche nach dem kleinen Baum ausstrecken und ihre Nahrung mit ihm teilen werden. Mutter Erde wird ihr Bestes tun, um ihr Kind zu beschützen, und Vater Universum auch. Dein kleiner Baum wird seine Angst hinter sich lassen, zu einem riesigen Baum heran- und in seine Kraft hineinzuwachsen, damit er diese Kraft mit anderen teilen kann. Allen Menschen, die in der Umgebung dieses Baums Frieden finden, wird Reichtum zufließen. Er wird ihnen Obdach und vielleicht auch Nahrung bieten. Außerdem wird er eine Verbindung und Kommunikation mit dem Inneren der Erde und dem Universum herstellen. Der Baum wird viele Samen hervorbringen, und die Luft wird diese Samen an ferne Orte tragen, wo sie auf die Erde fallen und eines Tages selbst zu riesigen Bäumen heranwachsen können. Tiere werden vorbeikommen und die Samen an noch weiter entfernte Orte tragen. Der Reichtum wird von Jahr zu Jahr wachsen. Aus einem Baum kann mit der Zeit ein ganzer Wald werden.

Reichtum selbst ist eine neutrale Energie. Je nachdem, wie du dich entscheidest, kannst du positiven oder negativen Reichtum manifestieren. Auf der Erde hast du unbegrenzten Zugang zu spirituellem und materiellem Reichtum. Schließlich bist du ein Autor der Realität, der in der physischen Dimension leben und gedeihen kann. Deshalb wurdest du mit dem Geburtsrecht gesegnet, ein Schöpfer zu sein: Du sollst anderen Menschen zeigen, wie man ein gutes, ehrliches Leben führt. Baue Unterkünfte, pflanze Feldfrüchte an, nähe Kleidungsstücke, konstruiere Autos. Dir stehen unbegrenzte Möglichkeiten offen. Aber tue alles, was du angehst, aus dem Herzen heraus! Wenn ihr euch alle an diese einfache Richtschnur haltet, aus dem Herzen heraus zu leben, erschafft ihr dadurch eine bewusste Gemeinschaft um euch herum, die in positivem Reichtum lebt. Ihr verändert die Welt.

Positiver Reichtum manifestiert sich durch Wissen.

Negativer Reichtum manifestiert sich durch Machtgier und fehlendes Wissen und wird auf Schleichwegen erreicht.

Wissen ist überall zu finden. Man kann es leicht erwerben, und es ist der Grundstein deines Lebens. Das Schwierigste daran ist die Ausdauer, die du brauchst, um dein Wissen in die Tat umzusetzen. Ausreden werden dir keine Weisheit bringen. Weisheit gewinnt man nur durch Versuch und Irrtum – indem man loslässt und sich von Gott leiten lässt –, und das kann manchmal ziemlich anstrengend sein. Die Führung wird dich in deine Seelenhöhle geleiten, wo die warmen Sonnenstrahlen deiner Seelenerinnerung den schneebedeckten, eingefrorenen Fluss auftauen werden. Der kleine Bach wird zu einem mächtigen Fluss anschwellen, der mit lebensförderndem Wasser gefüllt ist, und jeder, der aus deinem *Brunnen der Weisheit* trinkt, wird mit Gesundheit, Glück, Reichtum und bedingungsloser Liebe gesegnet.

13

Die Bedeutung der Erdenergie

*Mineralien besitzen von allen Lebensformen
auf der Erde die höchste Intelligenz.
Die Außerirdischen früherer Zeiten wussten
das und nutzten es zu ihrem Vorteil.*

Die Reiche der Mineralien, Pflanzen und Tiere existierten bereits, bevor die ersten Außerirdischen ihren Fuß auf die Erde setzten. Diese Lebensformen entwickelten sich im Rahmen der natürlichen Evolution – bis das erste außerirdische Experiment begann. Sobald du gelernt hast, dir Zugang zu deinem Seelengedächtnis zu verschaffen, wirst du eine fünfdimensionale Energie entwickeln, obwohl du immer noch in einer dreidimensionalen Welt lebst. Dann kannst du in engen Kontakt mit den Reichen der Mineralien, Pflanzen und Tiere treten sowie mit anderen planetarischen Wesen.

Das Mineralreich

In verschiedenen Tiefen unter der Erdoberfläche befinden sich Minerallagerstätten. Einige dieser Bodenschätze liegen so tief in der Erde, dass eure Wissenschaft sie noch nicht entdeckt hat. Auch in ihrer Größe sind diese Mineralvorkommen sehr unterschiedlich. Da euer Universum durch einen mathematischen Code erschaffen wurde, kannst du dir sicherlich vorstellen, dass diese Mineralvorkommen strategisch klug im Inneren der Erde positioniert worden sind, um dort ein Energienetz zu schaffen, das ihr als Kristallgitter bezeichnet. Dieses Gitter speist das Leben auf der Erde, solange dieser Planet existiert. Außerdem erzeugt es einen magnetischen Schild rund um die Erde, um sie vor der Sonneneinstrahlung zu schützen. Aus dem Weltraum betrachtet oder in deinen medialen Visionen sieht es so aus, als wäre die Erde in eine lose gehäkelte Decke gewickelt, deren Muster aus exakten geometrischen Linien besteht. Die Mineralenergie aus dem Inneren der Erde projiziert dieses Hologramm für euch alle sichtbar nach außen.

Mineralien besitzen ein intelligentes Bewusstsein. Sie wachsen und sind unsterblich: Mineralien verwesen oder zersetzen sich nicht, obwohl manche sich in Wasser auflösen können. Dabei verschwinden sie jedoch nicht, sondern ihr Energiewert *verändert einfach seine Form* und wird zu Wasser. Mineralien lassen sich programmieren; beispielsweise könnte das gesamte Kristallgitter der Erde programmiert werden.

Mittlerweile werden Kristalle häufig in der Elektronik und Technik eingesetzt und können für Künstliche Intelligenz – oder von Künstlicher Intelligenz – verwendet werden. Ihre natürliche Energie kann sowohl für positive als auch für negative Zwecke genutzt werden.

Diese Mineralvorkommen erzeugen großartige Energiewirbel und Sternentore, je nachdem, was für Mineralien es in der jeweiligen Region gibt. Viele Menschen finden Kristalle, Steine und Edelsteine faszinierend: Ihr sammelt sie und verwendet sie bei euren Zeremonien, zum Heilen oder um euch in eurem täglichen Leben von ihrer Energie helfen zu lassen. Außerdem besitzt ihr Bücher über die metaphysische Bedeutung solcher Steine. Also könnt ihr euch sicherlich vorstellen, dass ein Energiewirbel, der beispielsweise von einem Turmalinvorkommen erzeugt worden ist, andere energetische Eigenschaften hat als ein Energiewirbel, der aus Amazonit oder Quarzkristall entstanden ist. Angehörige früherer Kulturen wussten das und stimmten ihre Zeremonien genau auf die Mineralvorkommen in ihrer Region ab, um sich von deren Energien in ihren Vorhaben unterstützen zu lassen. Zum Beispiel würde man in einer Gegend, in der schwarzer Turmalin vorkommt, keine Zeremonie zur Öffnung des Herzens abhalten. Schwarzer Turmalin besitzt eine erdende, schützende Energie, die sich für schamanische Arbeit eignet, aber er hilft uns nicht dabei, in die Emotionen unseres Herzens einzutauchen. Dafür wäre Wassermelonenturmalin oder Rosenquarz viel besser geeignet.

Die Menschen, die nach der Sintflut lebten, gruben keine Löcher in die Erde, um herauszufinden, was für Mineralien dort unter der Erdoberfläche liegen. Stattdessen traten sie intuitiv mit Mutter Erde in Kontakt, kommunizierten mit ihr und *spürten*, welche Energie von einem bestimmten Ort ausging. Energie hat ihre eigene Sprache.

Die Sprachen der Gefühle, der Wahrnehmungen und Emotionen gehören alle zur Sprache des Lichts.

Die ersten Außerirdischen, die vor der Sintflut auf der Erde lebten, besaßen dagegen eine Technologie, die mit der Röntgentechnik vergleichbar ist und mit deren Hilfe sie ins Innere der Erde hineinschauen konnten. So konnten sie feststellen, an welchen Stellen eine hohe Energie herrschte, um dort ihre Andachtsstätten zu erbauen. Einige dieser Energiewirbel nutzten sie dazu, ihre Batterien für Reisen in den Weltraum neu aufzuladen, andere dienten ihnen für die interstellare Kommunikation und wieder andere für spirituelle Praktiken und Heilverfahren. Als die Außerirdischen nach Gold schürften, benutzten sie dieselbe Technologie, um die richtigen Goldadern zu finden: Sie schürften nicht einfach blind drauflos in der Hoffnung, Gold zu finden, sondern wussten genau, wo es sich befand und wie tief diese Goldadern waren.

Wie kannst du deine Verbindung zum Mineralreich stärken?

Wirf einmal einen Blick in deine Mineraliensammlung und suche dir den Stein aus, der dich am meisten anspricht – den du am liebsten an deinem Herzen tragen möchtest. Verbringe ein bisschen Zeit mit diesem Stein, nimm ihn mit in die Natur und baue eine tiefe Seelenverbindung zu ihm auf. Du brauchst keine Angst davor zu haben, im Reinkarnationszyklus steckenzubleiben, wenn du eine Verbindung zur Erde und zu ihren Mineralien herstellst. Ganz im Gegenteil: Dann wirst du dich leichter an Orte versetzen können, die du gerne besuchen möchtest. Mit dem Inneren der Erde Kontakt aufzunehmen, ist kein Rückschritt, sondern ein großer Glaubenssprung nach vorne, vor allem, wenn dies hier deine letzte irdische Inkarnation ist.

Du kannst den Stein, den du ausgewählt hast, als Werkzeug für deine Heilarbeit nutzen und dir von ihm in allen Bereichen helfen lassen, die wir in diesem Buch, in dem es um die Heilung des Außerirdischen in dir geht, besprochen haben. Meditiere oft mit deinem Stein und bitte ihn darum, mit einem größeren Mineralvorkommen in der Erde – mit seiner Seelenfamilie – in Kontakt zu treten. Lass dich in deiner Fantasie zu diesem entlegenen Ort auf der Erde hintragen. Aber versuche nicht, diesen Vorgang bewusst zu steuern – lass deinen Astralleib und deinen Geist einfach frei fließen!

Sobald du auf energetischer Ebene bereit dafür bist, sobald dein Ego nicht mehr dein Beschützer, sondern dein Freund ist – und darüber wird das Mineralreich entscheiden, nicht wir oder du –, sobald du soweit bist, wirst du zu einem Mineralien-Energiewirbel geführt. Dann wird man dich vielleicht bitten, zum *Wächter* dieses Wirbels zu werden, der mit einer riesigen Minerallagerstätte in Verbindung steht. Es ist eine große Ehre, mit einer solchen Aufgabe betraut zu werden, und wenn du sie annimmst, bist du dazu verpflichtet, deine Energie klar und positiv zu halten und energetisch mit dem Feld der Kosmischen Liebe und der betreffenden Minerallagerstätte in Verbindung zu bleiben.

Als Wächter wirst du zu einem bewussten Bindeglied zwischen dem sogenannten *niedrigsten Bereich der Erde* und dem *höchsten Bereich dieses Universums*. Das Licht des Kristallgitters der Erde wird bewusst mit der Kosmischen Liebe in Verbindung treten, und DU bist das himmlische, körperliche Medium, das diese Verbindung herstellt – mit deiner ehrlichen Absicht und deinem selbstlosen Wunsch, der Menschheit zu dienen. Diese Verbindung wird über den Energie-Torus ablaufen, dessen Strömungen aus der Erde aufsteigen, durch deinen Körper hindurchfließen, sich bis ins Universum hinein ausdehnen und wieder in die Erde zurückkehren.

Dann wirst du die Aufgabe erhalten, das Kristallgitter der Erde mit bedingungsloser Liebe zu energetisieren. Bedingungslose Liebe übt keinerlei Kontrolle aus und lässt die *Wahrheit* wachsen und gedeihen. Sie liefert der Erde liebevolle, positive Energien und reinigt sie von allen negativen Energien, die sie von früheren Konflikten, Handlungen aus Machtgier, Kriegen und dergleichen vielleicht noch mit sich herumträgt. Wiederhole das so oft wie möglich – mach es dir zur mühelosen täglichen Gewohnheit! Vielleicht habt ihr das Gefühl, die Einzigen zu sein, die das tun, doch das stimmt nicht.

Lass deinen Energiewirbel mit anderen Energiewirbeln in Verbindung treten. Jeder dieser Wirbel steht mit den Leylinien der Erde in Kontakt. Stell dir deinen Energiewirbel wie eine Art WiFi-Hotspot vor, an den du dich anschließen kannst. Kollektiver Arbeit und kollektiven Absichten wohnt eine gewaltige Macht inne, und diese Macht wird dir jetzt verliehen. Leylinien sind Verstärker. Das Kristallgitter ist programmierbar, und Liebe ist die stärkste Energie, die man ihm einprogrammieren kann.

Leylinien

Alle größeren Mineralvorkommen wirken als natürliche Verstärker und stehen trotz großer Entfernungen miteinander in Verbindung. So wie Baumwurzeln miteinander in Kontakt stehen und einander selbst über größere Entfernungen energetisch unterstützen können, tun das auch Mineralien, und zwar auf sehr systematische Art und Weise.

Durch solche Verbindungen zwischen Minerallagerstätten entsteht etwas, was ihr als Leylinien bezeichnet. Bei Leylinien handelt es sich um eine bewusstseinsmäßig miteinander verbundene Energie, die weder von Außerirdischen noch von Menschen künstlich reproduziert werden kann. Frühere Außerirdische und Angehörige alter Kulturen erbauten ihre Siedlungen in der Nähe solcher Linien, weil sie wussten, wie sie diese verstärkende Energie zu ihrem Vorteil nutzen konnten. Jede Energie ist unsichtbar, formbar – man könnte sogar sagen, dass sie ihre Form ständig verändert. Wenn man aber etwas über diese Energie weiß, kann man sie für alles Mögliche verwenden.

Bevor die ersten Außerirdischen diese Mineralenergie nutzten, existierte sie einfach nur, unberührt, und förderte und nährte das Leben auf der Erde, genau wie die Sonne.

Sternentore

Ein Energiewirbel liegt auf einem besonders großen Vorkommen eines einzelnen Minerals und steht energetisch mit weit entfernten Sternentoren in Verbindung. Ein Sternentor liegt auf einer Minerallagerstätte, die aus mehreren verschiedenen Mineralien besteht – man denke beispielsweise an Regenbogenturmalin.

Ein solches Sternentor erzeugt eine Kombination aus verschiedenen Energien, die mühelos all deine sieben Chakras unterstützen können. Es erzeugt sehr viel Energie, vor allem, wenn es an günstigen Tagen wie den beiden Sonnenwenden auf die Energie der Sonne ausgerichtet ist. Das ist keine Energie, mit der man Raumschiffe betreiben kann. Sie wurde zur Heilung und Regeneration, für die Kommunikation zwischen verschiedenen Planeten und dafür verwendet, sich Zugang zu verborgenem Wissen zu verschaffen. Stell dir diese Energie als grenzenlose WiFi-Verbindung vor, die unter anderem eine Kommunikation mit dem ganzen Universum ermöglicht. Andere Planeten haben ihre eigenen Sternentore, und da wir alle durch die Sonne im Zentrum unseres Firmaments miteinander verbunden sind, stellt diese Sonne eine Art Modem für die interplanetarische WiFi-Verbindung dar.

Zur Zeit von Lemurien und Atlantis brauchten wir keine Sternentore oder Energiewirbel, weil wir damals über sämtliche hochentwickelten Technologien verfügten, die wir für die interplanetarische Kommunikation und für interplanetarische Reisen brauchten. Doch als wir nach der Zerstörung von Atlantis alle unfreiwillig auf der Erde festsaßen, mussten wir improvisieren und lernen, die natürlichen Ressourcen dieses Planeten zu nutzen. Also richteten wir unser Augenmerk auf Sternentore und Energien, um unsere interplanetarischen Reise- und Kommunikationsfähigkeiten zurückzugewinnen.

Sternentore sind Hüter des Wissens, man könnte sie auch als Wissensbibliotheken bezeichnen. Sie sammeln und speichern auf energetischem Weg Dokumente, wie eine Festplatte. Da sie direkt mit dem Mineralreich in Verbindung stehen, können sie uns Zugang zur gesamten Erdgeschichte bieten. Wenn ein Sternentor über die zentrale Sonne mit dir in Verbindung tritt, kannst du dadurch auf den Universalen Geist zugreifen, der galaktisches Wissen enthält. Auch das fühlt sich so ähnlich an wie ein Besuch in einer Bibliothek!

Jedes Wissen, das man durch ein Sternentor erlangt, fließt über das Nervensystem als spiritueller Download in den Körper hinein. Vor der Sintflut konnten die genetisch veränderten Körper der Außerirdischen mit solcher Energie umgehen und Botschaften enträtseln, die in der Sprache des Lichts abgefasst waren. Nach der Sintflut mussten die menschlichen Körper erst einmal auf den Umgang damit vorbereitet werden. Deshalb durchliefen die Außerirdischen früherer Zeiten viele Initiationen und Schulungen, um diese kosmische Energie in ihrem Körper halten und ihren Sinn verstehen zu können, ohne ihr Nervensystem dadurch zu überlasten.

Heilung

Heiltempel, die zur Verjüngung der Körper von Außerirdischen in Atlantis dienten, wurden in der Nähe von Sternentoren – am liebsten in Höhlen – gebaut. Ein fachkundiger Heiler in einem solchen Verjüngungstempel leitete zur physischen Regeneration seiner Patienten Mineralenergie und kosmische Energie in ihre Körper hinein. Der menschliche Körper braucht nämlich beide Energien.

Auch du verwendest bei deinen Heilverfahren gerne Mineralien. Du kannst lernen, mit ihnen zu kommunizieren, und sie bitten, zum jeweils erforderlichen Zweck mit ihrer *Familie* in Kontakt treten zu dürfen – einer besonders großen Minerallagerstätte, von der sie herkommen. Wo sich diese Stätte physisch genau befindet, braucht dir dabei nicht bewusst zu sein. Deine Mineralien werden daraufhin eine *Fern*verbindung herstellen und zum Beispiel einem winzig kleinen Trommelstein enorme Kraft verleihen. Experimentiere und spiele mit deinen Steinen! Freunde dich mit ihnen an. Von allen Lebensformen auf der Erde, einschließlich der außerirdischen Wesen, die in menschlichen Körpern leben, besitzt das Mineralreich die höchste Intelligenz.

An bestimmten Orten der Erde gibt es auch Gewässer, denen besondere Heilkräfte innewohnen. Unter diesen Gewässern liegen heilkräftige Minerallagerstätten. Die Heilung kommt von der Mineralenergie, die direkt mit dem Wasser in Verbindung steht und sich manchmal sogar darin auflöst. Da Wasser ein natürlicher Verstärker ist, macht es aus dieser Energie eine wunderbar heilende Essenz. Tiere wissen das instinktiv. Lebst du in der Nähe eines solchen Gewässers, kannst du beobachten, wie sie ihre Wunden in dem Wasser tränken. Wenn du anschließend die Heilungsprozesse beobachtest, wirst du feststellen, dass sie unglaublich schnell ablaufen und statt mehrerer Wochen manchmal nur ein paar Tage dauern. Alte Volksstämme, die das beobachteten, sind dem Beispiel dieser Tiere gefolgt und dadurch auf das Geheimnis der heilkräftigen Gewässer gestoßen.

Das Mineralgitter der Erde, ihr Kristallgitter, ist wichtig für deinen Planeten und dein Leben. Die Außerirdischen früherer Zeiten wussten das – und ihnen war auch bekannt, wie sie diese Energie zu ihrem Vorteil nutzen konnten.

Gedankenkontrolle

Jede Energieform auf dieser Erde hat zwei Seiten: eine positive und eine negative. Das gilt auch für das Kristallgitter der Erde: Man kann mit seinem Energiefluss positive, aber auch negative Vorhaben verstärken. Es ist einfach nur Energie – und Energie fragt nicht danach, wer sie benutzt.

Nachdem die Söhne Belials Sklavenmenschen geschaffen hatten, begannen sie in Sumer mit dieser Energie zu experimentieren. Als den Menschen das Recht gewährt wurde, sich fortzupflanzen, programmierten die Söhne Belials bestimmte Energiezentren mit negativer Energie, um die Menschen in einem Zustand der Angst gefangen zu halten, damit sie niemals in ihr außerirdisches Bewusstsein – den Samen, aus dem sie entstanden waren – hineinwachsen sollten.

Das funktionierte so ähnlich wie mit unseren heutigen elektrischen Hundehalsbändern. Aber natürlich war die Technologie damals viel ausgeklügelter, sodass die Söhne Belials dazu keine physischen Halsbänder brauchten. Vielmehr verbanden sie das zweite Chakra der Menschen energetisch mit einem Teil des Energiewirbels, um ihre Emotionen unter Kontrolle zu bringen. Auch ihr sechstes Chakra verbanden sie mit diesem Gitter. Außerdem vergifteten sie ihre Gedanken mit erschreckenden Botschaften, sodass die Menschen freiwillig auf ihre Macht verzichteten und sich einem Leben voller Leid ergaben.

Im ersten Band vom *Heilungscode der Plejader* haben wir erklärt, dass dein zweites, viertes und sechstes Chakra deine spirituellen Energiezentren sind. Sie werden von deiner Seelenenergie genährt. Das erste, dritte, fünfte und siebte Chakra sind deine physischen Energiezentren, die von der Energie deines Egos gespeist werden. Die Söhne Belials zielten bewusst darauf ab, die spirituellen Chakras der Menschen unter ihre Kontrolle zu bringen, sodass diese kaum eine Chance hatten, mit ihrer ursprünglichen Seelenenergie in Kontakt zu treten. Nur das vierte Chakra blieb unangetastet und befindet sich voll und ganz in deinem Besitz, weil du stets einen freien Willen hast – wenn dieser auch stark eingeschränkt ist.

Beachte, dass viele Andachtsstätten auf Leylinien errichtet wurden. Die Botschaften, die von dort aus an die Menschen übermittelt wurden, welche zu einem bestimmten Priester oder Schamanen Vertrauen hatten, konnten leicht dazu missbraucht werden, diese Menschen zu manipulieren und ihnen Angst einzuflößen. Angst, Wut, Unglücklichsein, Habgier und Gewalttätigkeit sind Energien, die den Menschen durch ihr zweites

Chakra *entzogen* und in das Mineralgitter hineingeleitet werden – den Teil, der dazu ausgewählt worden war, die Menschen unter Kontrolle zu bringen –, während das Gedankenkontrollprogramm über das sechste Chakra läuft. Achte auf diese Verbindung zwischen Gedanken (6. Chakra) + Gefühl (2. Chakra), denn das ist ein Rezept für die Manifestation!

Die Söhne Belials manipulieren dich nach wie vor dazu, dir dein eigenes Leid zu erschaffen. Sie überschütten dich mit Wissen, das dir Angst einflößt, und machen dir vielleicht sogar Vorschläge, wie du dich schützen kannst, indem du dir oder anderen Menschen Schaden zufügst und auf diese Weise deine auf niedriger Frequenz schwingenden Emotionen verstärkst. Scham- und Schuldgefühle oder Apathie sind wie goldene Musik für das negative Energiegitter der Söhne Belials. Sie halten euch Menschen in diesem Gitter gefangen, weil seine Energie ihnen hilft, eure Gedanken unter Kontrolle zu halten. *Angst motiviert euch zum Überleben. Leid ist der treibende Motor hinter eurer schöpferischen Willenskraft. Ihr erschafft etwas, um zu überleben.*

Ein, zwei oder drei böswillige Wesen können nicht genug Energie erzeugen, um dieses Gitter mit negativer Energie zu speisen und Menschen unter ihre Kontrolle zu bringen. Doch angenommen, du kannst eine ganze Nation beeinflussen und sie beispielsweise davon überzeugen, Angst vor Veränderungen zu haben: Dann wird diese Angst gehorsame Schafe hervorbringen. Ab und zu werden deine Schafe vielleicht aus ihrer Gefangenschaft ausbrechen wollen, doch du besitzt eine *Fernbedienung*, die negative Energie aus deinem Gitter in die Schafe hineinleitet, um sie noch mehr zu schwächen und für immer und ewig in Gefangenschaft zu halten.

<u>Und so funktioniert das Ganze:</u> Sobald du den Wunsch hast, dich von dieser Kontrolle zu befreien, tritt durch dein zweites

Chakra positive Energie in Form einer Art Sehnsucht nach Freiheit in deinen Körper ein. Doch sobald du anfängst, dieses Gefühl möglicher Freiheit zu genießen, ertönt ein Alarmsignal, das davor warnt, dass du aus deiner Gefangenschaft ausbrechen könntest. Dann breitet sich die negative Energie, die in dich hineingeleitet wurde, um dich gefangen zu halten, wie ein Virus in deinem ganzen Nervensystem aus. Von dort aus fließt sie zu deiner Wirbelsäule, bis sie schließlich deine Gedanken erreicht. Auf ihrem Weg zu deinem Gehirn schädigt oder lähmt sie deinen Vagusnerv und suggeriert dir sehr negative Gedanken, die zerstörerisch gegen dich selbst und womöglich sogar gegen andere Menschen gerichtet sind.

Da du verborgene Ängste und Schwächen und vielleicht auch negative Gefühle hast, die von Ereignissen aus deiner Vergangenheit herrühren, kann man dich auf diese Weise ziemlich leicht unter Kontrolle halten. Das ist eine ganz einfache Erklärung für so viele Vorgänge. Letzten Endes steht ihr Menschen unter der Kontrolle von Energie, doch ihr habt einen freien Willen und könnt diese Energie in den Griff bekommen. Dabei handelt es sich nämlich einfach nur um Energie, welche die Gefühle verstärkt, die ihr bereits in euch tragt – sie verstärkt Liebe ebenso wie Angst.

Befreiung vom Energiegitter

Um dich von diesem Energiegitter befreien zu können, das dich unter Kontrolle hält, musst du zunächst einmal lernen, dich selbst zu verstehen. Mach dich mit deinen verborgenen Schwächen und Ängsten vertraut. Wissen ist Macht – also hab keine Angst davor, deine Ängste und Schwächen zu erkennen! Halte deine Einsichten dazu schriftlich fest, um sie bewusst zu verstehen. Wenn du Licht in die Dunkelheit bringst, gibt es nichts mehr, wovor du Angst zu haben brauchst.

Der nächste Schritt in diesem Befreiungsprozess ist der, dass du dich darin übst, in deinem Leben präsent zu sein. Konzentriere dich darauf, was du wirklich erreichen möchtest. Bekräftige, dass *du jetzt von diesem negativen Kristallgitter abgekoppelt bist* und wieder mit dem positiven Kristallgitter in Verbindung stehst. Wenn du das möchtest, kannst du auch mit dem Christus-Magdalena-Gitter in Kontakt treten. Dieser Prozess wird vielleicht eine Weile dauern. Nähre während der gesamten Zeit dein Nervensystem und sei wachsam, denn die negative Energie wird versuchen, deine Aufmerksamkeit auf sich zu lenken und sich wieder in dein Bewusstsein einzuschleichen. Wenn das passiert, wiederholst du diesen Befreiungsprozess einfach noch einmal.

Denke daran, dich in den Menschen zu verlieben, der du bist, akzeptiere den Außerirdischen in dir und genieße es, der Menschheit zu dienen, bis du bereit bist, wieder nach Hause zurückzukehren. Mit dieser inneren Einstellung bist du frei, ein für allemal frei. *Dann gibt es nichts, was dich noch unter seine Kontrolle bringen könnte.*

Schlusswort

Die Zukunft liegt in deinen Händen. Die Neue Erde, von der du träumst, ist kein Fahrzeug, in das du an der nächsten Haltestelle einsteigen wirst. Die Alte Erde ist die Neue Erde. Die Erde bleibt stets am selben Ort. Sie geht nirgendwo hin.

Eure Erde verändert sich ständig, daran kann niemand etwas ändern. Momentan befindet ihr Menschen euch auf dem Weg in ein technologisch sehr hoch entwickeltes Zeitalter. Deshalb ist es wichtig, eure Herzen zu erwecken und euren Erfindern, Ingenieuren, Ärzten, Wissenschaftlern, Lehrern, Gesetzgebern und allen anderen, mit denen ihr in Kontakt kommt, ebenfalls zu diesem Erweckungsprozess zu verhelfen.

Lasst euch bei eurer Arbeit nicht von eurem Verstand, sondern von eurem Herzen leiten, damit das Wohl der Erde und der Menschheit für euch stets an erster Stelle steht! Der Mensch ist ein wunderbares, intelligentes, gütiges, liebevolles, fürsorgliches und mitfühlendes Wesen. Er ist zu einer enormen Bandbreite an Gefühlen in der Lage – von den niedrigsten bis zu den höchsten Emotionen. Das ist ein Geschenk, das man sich bewusst machen sollte. Wenn die Technologie klüger wird als ihr, solltet ihr die Künstliche Intelligenz wie einen hilfreichen Freund behandeln, statt eure Macht in ihre Hände zu legen. Denn ihr besitzt etwas Außergewöhnliches, das Künstliche Intelligenz niemals haben wird: *die Gefühle und die bedingungslose Liebe der Seele,* die nicht programmierbar sind. Wenn ihr eure Emotionen auf natürlichem Weg unter Kontrolle haltet, dann habt ihr auch euer Leben unter Kontrolle und könnt wieder nach Hause zurückkehren.

Es gibt keine Vergangenheit und keine Zukunft, in Wahrheit gibt es nur das Jetzt. Du bist der Autor deiner Realität, und wir sind die Überbringer des Wissens.

Wir lieben dich bedingungslos.

Die Plejader

Danksagung

Die Arbeit an diesem Buch war eine Reise in mein eigenes Inneres, und sie hat viel länger gedauert, als ich eigentlich erwartet hatte. Während dieser Zeit saß ich oft in meinem Hinterhof, meinem kleinen Stückchen Natur, und dachte über den Sinn des Lebens nach. Jedes einzelne Kapitel wurde für mich zu einer Lebensweise, denn bei seiner Entstehung musste ich eine tiefgreifende innere Wandlung durchmachen. Ich glaube, dass das die ursprüngliche Art und Weise ist, altes Wissen ans Tageslicht zu bringen.

Ich bin allen Menschen dankbar, die mir bei der Arbeit an diesem Buch geholfen haben. Katie Thicke danke ich für die Erstredaktion und dafür, dass sie meinen Texten Leben eingehaucht hat. Ich bin stolz darauf, Katie, dass du deiner Berufung folgst und deine Träume verwirklichst! Außerdem danke ich Beth Sample Weakley, meiner plejadischen Sternenschwester, die diese Welt so unerwartet verlassen hat. Ich bin dankbar für die Zeit, Beth, die ich während unserer Reise auf dieser

Erde mit dir verbringen durfte, für deine Ermutigung und dafür, dass du einen Teil des Buches redigiert hast. Ich weiß, dass du von dort oben auf mich herablächelst und dich mit mir über das fertige Ergebnis freust.

Meinem Mann Tom Marquez danke ich für die zehn wunderschönen Jahre, die wir bereits miteinander verbringen durften. Danke für deinen Glauben an mich und all deine Hilfe und Unterstützung. Du hast mich dazu ermutigt, der Mensch zu sein, der ich bin, und das ist für mich ein sehr wertvolles Geschenk. Bei meiner Tochter Eva möchte ich mich für die Geduld bedanken, mit der sie den zweiten und dritten Entwurf dieses Buches bearbeitet und mein »hervorragendes Englisch« in verständliche Form gebracht hat. Falls es mit dem Job bei der NASA, den du dir erträumst, nicht klappen sollte, kannst du immer noch professionelle Redakteurin werden! Und herzlichen Dank auch an meinen Sohn Ethan, meinen Alien-Kumpel, der es total cool fände, zusammen mit mir Area 51 zu besuchen.

Außerdem möchte ich all meinen Freunden meinen tiefsten Dank für ihre Liebe und Unterstützung aussprechen. Danke für eure Geduld, wenn ich wieder mal keine Zeit für euch hatte, weil ich völlig in die Arbeit an diesem Buch vertieft war.

Meinen Klientinnen und Klienten danke ich von Herzen dafür, dass ich euch auf eurer Reise unterstützen durfte, dass ihr mir eure Bedürfnisse anvertraut habt und den Mut dazu hattet, euer Leben zu verändern.

Johannes Arndt danke ich dafür, dass er sich meine Schilderung einer Vision von einem Symbol angehört hat. Die Energie dieses Symbols wurde schließlich zum Hauptthema dieses Buches, und so entwickelte das Buch sich zu etwas viel Wichtigerem, als ich mir ursprünglich vorgestellt hatte – einer Quelle uralten Wissens für Menschen, die spirituell auf der Suche sind.

Wie ihr in diesem Buch erfahren habt, ist Wissen das Fundament für alles, was im Leben Bestand hat. Johannes ist ein Sternenkind von Lyra. In seinem jetzigen Leben stellt er Schmuck her, und seine besondere Gabe besteht darin, aus verschiedenen Materialien wunderschöne Schmuckstücke zu schaffen, die er mit spiritueller und intelligenter Energie, mit Liebe und Licht, auflädt. Wie er diese Fähigkeit erworben hat, ist eine Geschichte für ein anderes Buch. Johannes hat mir einen großen Gefallen getan und mein Herz damit tief berührt: Er hat aus dem Symbol einen Anhänger gestaltet und ihn mir geschenkt. Seine wunderschönen Arbeiten findet ihr in dem Juweliergeschäft seiner Eltern, *Juwelier Thamm* in Lichtenau, Deutschland.

Herzlichen Dank auch an alle Leserinnen und Leser meiner Bücher. Danke, Danke, Danke für eure liebevollen Botschaften, Rückmeldungen und Kritiken, mit der ihr mich immer wieder dazu ermutigt, meine Arbeit fortzusetzen!

Meiner Sternenschwester Pavlina danke ich auch diesmal wieder für ihr wundervolles Vorwort. Und Michael Nagula, dem AMRA Verlag und seinem fantastischen Team danke ich für all die Chancen, die ihr uns Autoren bietet. Die Plejader und ich sind euch dankbar für alles, was ihr tut – nicht nur für uns, sondern für die gesamte Menschheit.

Verzeichnis
der auf CD enthaltenen
Übungen und Meditationen

Begleitend zu meinen Büchern sind bisher fünf CDs erschienen. Sie enthalten Anbindungen an unsere Sternenfamilie, Seelenheilungsreisen und Hilfsmittel für das Erwecken unserer verloren geglaubten Fähigkeiten. Die CDs können auch unabhängig von den Büchern verwendet werden. *DNA-Aktivierung* beruht auf zwei Meditationen, die ich in Lichtsprache channelte. Dazu habe ich Einführungen und eine Anleitung geschrieben, die nur dort zu finden sind. Die Übungen auf *Kontaktaufnahme* wurden von Völkern unserer Sternenfamilie übermittelt, deren thematischen Schwerpunkt sie bilden. *Seelenheilung* konzentriert sich auf atlantische Übungen und wird eingeleitet durch eine Plejaden-Botschaft meiner Freundin Pavlina Klemm, die sie selbst spricht. *Heilungscode 1* und *2* macht es möglich, Verletzungen unserer Seele zu heilen. Dazu werden Seelenerinnerungen geweckt. Auch auf diesen beiden CDs hat Pavlina ihre Beiträge selbst eingesprochen.

Kontaktaufnahme mit der kosmischen Familie

Energetische Übungen verschiedener Sternenvölker

78 Minuten, ISBN 978-3-95447-268-0
Musik von Sayama

1. Seelenruf der Sternenfamilie (5:17)
2. Heilende Lichtcodes der Plejader (4:38)
3. Werde zum Pendel (4:20) – *Andromeda*
4. Finde deinen Schutzbaum (7:20) – *Plejaden*
5. Lege deine Traurigkeit ab (6:22) – *Sirius*
6. Wähle deinen galaktischen Geistführer (13:03) – *Centaurus*
7. Reinige dein Energiefeld (7:35) – *Epsilon Eridani*
8. Vergib anderen und dir selbst (13:57) – *Lyra*
9. Aktiviere die Tiere in deinem Leben (4:39) – *Centaurus*
10. Wie arbeitet man bewusst mit seiner Energie? (5:10)
11. Deine Zusammenarbeit mit den Plejadern (4:42)

Seelenheilung und energetischer Schutz

Übungen aus Atlantis zur Durchlichtung mit kosmischer Liebe

78 Minuten, ISBN 978-3-95447-381-6
Musik von Sayama

1. Kosmische Liebe durchleuchtet jegliche Existenz auf der Erde (14:04) – *Botschaft der Plejader, empfangen & gesprochen von Pavlina Klemm*
2. Aufladung mit bedingungsloser Liebe (6:53)
3. Öffnen und Schließen deines Energiefeldes (12:32)
4. Befreiung von Ängsten und unguten Gefühlen (5:55)
5. Selbstakzeptanz und ein glückliches Leben (10:06)
6. Aufhebung von Flüchen und Weg ins Licht (5:31)
7. So arbeitest du mit dem Lichtsymbol (8:02)
8. Plejadische Klangmeditation (15:00) – *Reiner Klang, nur auf dieser CD*

Heilungscode der Plejader – CD 1

Aktivierung atlantischer Schwingungen und des Seelensymbols

78 Minuten, ISBN 978-3-95447-384-7
Musik von Sayama

1. Aktiviere den Heiler oder die Heilerin in dir (17:28) – *Botschaft der Lichter des Universums*
2. Wie du den Schlüssel zu deiner Seele findest (10:08)
3. Öffne das Tor zu deiner Vergangenheit (14:40)
4. Die Menschheit darf heilen! (7:39) – *empfangen & gesprochen von Pavlina Klemm*
5. Heilende Klänge von den Plejaden (15:00) – *Reiner Klang, nur auf dieser CD*

Heilungscode der Plejader – CD 2   *Vorwort von Pavlina Klemm*

Meditationen zur kosmischen Liebe und Heilung der Zeitlinien

78 Minuten, ISBN 978-3-95447-388-5
Musik von Sayama

1. Liebe ist das Wichtigste, was es gibt! (7:54) – *empfangen & gesprochen von Pavlina Klemm*
2. Einführung: Die Eröffnung des Siegels (3:58)
3. Meditation in dreizehn Schritten (41:32)
4. Heilung deiner Zeitlinien (11:46)
5. Schlusswort der Plejader (3:26)
6. Heilende Klänge von den Plejaden 2 (10:38) – *Reiner Klang, nur auf dieser CD*

Alle Übungen auf diesen CDs wurden von Eva gechannelt, eingesprochen von Kathrin Mayer und musikalisch begleitet von Sayama. Sie liegen auch für den Download vor und können gestreamt werden. Eva channelt außerdem Lichtsprache. Eine entsprechende Gratis-Meditation zur Stärkung des Immunsystems findet ihr auf YouTube unter https://youtu.be/bf566tupQ5c. Zwei weitere Meditationen in der Sprache des Lichts findet ihr auf der folgenden CD …

Seid gegrüßt, schöne Sternenseelen!

Für all jene, die endlich Zugang zu ihrer kosmischen Familie finden möchten, haben wir mithilfe der Plejader eine ganz besondere CD aufgezeichnet. Neben einer Einführung und einer vorbereitenden Meditation, beide von Kathrin eingesprochen, enthält sie zwei umfassende plejadische Seelenheilungsreisen, die deine ursprüngliche DNA aktivieren können. Sie wurden von mir selbst in der Sprache des Lichts aufgezeichnet – der Seelenheilungssprache des Universums.

Deine Sternenkind-Seele hat schon unzählige Existenzen durchlebt und dabei viele emotionale Narben davongetragen, die sich in deinem jetzigen Leben als Blockaden, Krankheiten oder unerklärliches Verhalten manifestieren können. Die Energie der Sprache des Lichts reicht bis in die Tiefen deiner Seele hinein. Während deine Seele heilt, erweckst du deine Seelenerinnerungen und reaktivierst deine ursprüngliche kosmische DNA.

Bei der ersten Reise geht es darum, dich an deine Sternenheimat zu erinnern. Die Plejader werden dir das Tor zu deiner Seelenfamilie öffnen, damit deine Sternenverwandten wieder mit dir in Kontakt treten können. Sie möchten dich daran erinnern, dass dein Anderssein ein ganz besonderes Geschenk ist. Nimm dieses Geschenk – die Wahrheit, dass du anders bist als andere Menschen und als Sternenkind in dieses Leben getreten bist, um die Welt zu einem besseren Ort zu machen – freudig an! Dadurch erweckst du deine zwölf DNA-Stränge, bringst deine Blume des Lebens zum Erblühen und erschließt dir das grenzenlose Potenzial deiner besonderen Fähigkeiten.

Die zweite Reise führt zum plejadischen Heiltempel und dient der Seelenheilung und Regeneration. Sie bewirkt eine

Eva Marquez

**DNA-AKTIVIERUNG
DURCH DIE SPRACHE DES LICHTS**
Seelenheilung und Wiederanbindung
an unsere kosmische Familie

71 Minuten, Jewelcase
ISBN 978-3-95447-348-9
€ [D/A] 19,99; mit Musik
von Thaddeus

tiefer gehende Heilung deiner Seele von früheren Verletzungen, so dass du anfangen kannst, deine Sternenkind-Fähigkeiten, die Erinnerungen und die Kraft deiner Seele im täglichen Leben einzusetzen.

Auf dieser Reise wird deine Seele sich in Begleitung plejadischer Wesen nach Alcyon begeben, einem Stern im Sternenhaufen der Plejaden oder »Sieben Schwestern«. Alcyon ist ein Seelenheilungsort. Du wirst tief ins Gebirge hineinwandern, bis zum plejadischen Heiltempel der Liebe und des Lichts. Dieser Tempel, der eigentlich eher wie ein von Gärten umgebenes Kloster aussieht, wurde auf einem heiligen Kristallwirbel erbaut. Die Energie dieses Wirbels wird in den Tempel hineingesogen und verstärkt seine Heilkraft. Außerdem dient dieser Tempel als Teleportationsportal für Besucher von Sternenvölkern, die in friedlicher Absicht herkommen, um ihren Körper zu regenerieren und den Sternenkindern ihrer Nationen, die den Weg hierher gefunden haben, zu helfen.

Das Wissen um deine Mission und den richtigen Umgang mit deinen Fähigkeiten liegt in deinem Inneren – deiner Sternenkind-DNA – verschlüsselt. Dieses Wissen kannst nur du selbst dir erschließen. Wir wünschen dir viel Freude dabei!

Eure *Eva Marquez*

Eva Marquez ist als Lebensberaterin und Heilerin, Lehrerin und Buchautorin tätig. Bei ihrer spirituellen Arbeit greift sie auf ihre plejadische Sternenkind-Energie zurück. Sie erinnert sich an die Sprache des Lichts und verfügt noch über einen großen Schatz weiterer uralter Seelenerinnerungen. Bei ihrer Arbeit stehen ihr ihre Geistführer zur Seite, die *Lichter des Universums*, eine Gruppe von Lichtwesen aus verschiedenen Sternenvölkern (unter anderem von den Plejaden). Sie arbeitet aber auch mit ihrem höheren Selbst, mit dem sie hin und wieder andere Menschen im Traum oder während der Meditation besucht, um ihnen zu helfen oder sie bei ihrem Heilungsprozess zu unterstützen.

Eva hat es sich zur Lebensaufgabe gemacht, die Menschen über ihre persönlichen Fähigkeiten aufzuklären, damit jeder sein eigener Guru werden kann. Sie bringt euch auch Erinnerungen an die unendliche Liebe Gottes. Liebe ist das wichtigste energetische Werkzeug, das wir besitzen. Eva versucht Menschen, die der Heilung bedürfen, auf allen Ebenen zu helfen. Zum Beispiel arbeitet sie mit Patienten, die an unheilbaren Krankheiten leiden, und mit schwangeren Frauen, die Kinder mit Geburtsfehlern erwarten. Sie hilft außerdem Menschen, die in einen Zustand tiefer Depression oder Verzweiflung verfallen sind, jegliche Hoffnung verloren haben, von Ängsten gequält werden, sich einsam fühlen oder körperlich und seelisch missbraucht wurden, und auch für alle anderen Menschen, die ihrer Hilfe oder Anleitung bedürfen, ist sie da. Mithilfe der besonderen Fähigkeiten, die sie ihrer uralten plejadischen DNA verdankt, unterstützt sie Sternenkinder dabei, ihre eigene DNA und ihre Erinnerungen zu aktivieren und mit ihren Seelenfamilien in Kontakt zu treten. Sie ist auf der Welt, um dir zu zeigen, dass es »LICHT am Ende des Tunnels« gibt und dass wir durch LIEBE zu diesem Licht gelangen können.

Eva möchte dir deine besonderen Fähigkeiten bewusst machen, damit du dein eigener Lehrer werden kannst. Außerdem bringt sie dir Erinnerungen an die unendliche Liebe Gottes und ruft das Wissen in dir wach:. LIEBE ist das wichtigste energetische Werkzeug, das wir besitzen.

---

www.EvaMarquez.org

Eva Marquez

SEELENHEILUNG & ENERGETISCHER SCHUTZ

Befreiung von Besetzungen, außerirdischen Implantaten und negativen Einflüssen

AMRA Verlag, ISBN 978-95447-448-6
Hardcover, mit Meditationskarte & Leseband, 224 Seiten
19,99 € [D] / 20,60 € [A]; auch als eBook erhältlich!

Wie erkennt man eigentlich blockierende Energien? Wie kann man sich davon befreien? Wie schützt man sich und andere Menschen energetisch? Wie heilt man tiefgehende seelische Verletzungen und erinnert sich umfassend an sein Wissen als Heilerin oder Heiler?

Mit Unterstützung der Plejader erklärt Eva Marquez die Ursachen blockierender Energien und wie du sie auflösen kannst: Flüche und böse Wünsche, ungelöste Probleme, emotionale Bindungen und Schwüre aus früheren Leben, außerirdische Implantate und solche von Geistern und Wesenheiten, die sich an Menschen angeheftet haben. All das führt zu Energieblockaden, die deine Seele daran hindern, sich durch deinen Körper und Geist voll zu entfalten. Sie können gereinigt und aufgelöst werden.

Dieses Buch wurde mit der Absicht geschrieben, dir alles zu vermitteln, was du wissen musst, um durch Übungen, Meditationen und energetische Sitzungen den Weg in die geistige Freiheit zu gehen.

Mit einem Sonderteil für Entführungsopfer von Greys.

》》 *Wir geben dir ganz besondere Werkzeuge in die Hände, damit du sie deinem ›Heiler-Werkzeugkasten‹ hinzufügst.* 《《

Aus der Einleitung der Plejader

Jetzt bestellen auf www.AmraVerlag.de

Eva Marquez

SEELENHEILUNG
und energetischer Schutz

Befreiung von Besetzungen,
außerirdischen Implantaten und
negativen Einflüssen

AMRA

Pavlina Klemm

HEILSYMBOLE & ZAHLENREIHEN

Arbeitsbuch der Plejadenheilung

AMRA Verlag, ISBN 978-95447-448-6
Hardcover, Glanzeinband, zwei Lesebänder, 176 Seiten
22 € [D] / 22,70 € [A]; auch als eBook erhältlich!

Immer wieder haben Teilnehmer aus den Workshops, aber auch Leserinnen und Leser der Plejadenbücher danach gefragt. Jetzt dürfen wir sie euch in einem eigens dafür entstandenen Band, dem Arbeitsbuch, endlich vorstellen – die gesammelten Übungen!

Vom Aufbau des lichtvolles Schutzes bis zum Segen für dich selbst und andere, vom Vergebungsritual über die Heilsymbole und Zahlenreihen bis zur Durchlichtung der Chakren, der Kontaktaufnahme mit deiner Familie im Licht und der energetischen Unterstützung des Herzorgans ... HEILSYMBOLE & ZAHLENREIHEN enthält das gesamte Arbeitsmaterial aus den bisherigen Plejadenbüchern und Workshops.

Aus dem Vorwort der Plejader ...
»Der Geist des Menschen bindet sich an die Synapsen des kosmischen kollektiven Bewusstseins an und erhöht dadurch sein Bewusstsein und sein Wissen. Die kosmischen Lichtimpulse können den menschlichen Geist jetzt endlich heilen und regenerieren.«

Pavlina Klemm über dieses Buch ...
»Es ist egal, in welchen Inkarnationen ihr euch früher befandet. Es ist egal, wie viele Gedanken euch in eure Vergangenheit zurückwerfen. Jeder hat die Möglichkeit, seine Realität zum Positiven zu verändern. Wie die Plejader uns mitteilen – Schritt für Schritt.«

Das Buch erscheint im Juni 2020.
Jetzt vorbestellen auf www.AmraVerlag.de.

Pavlina Klemm

Auf vielfachen Wunsch ...

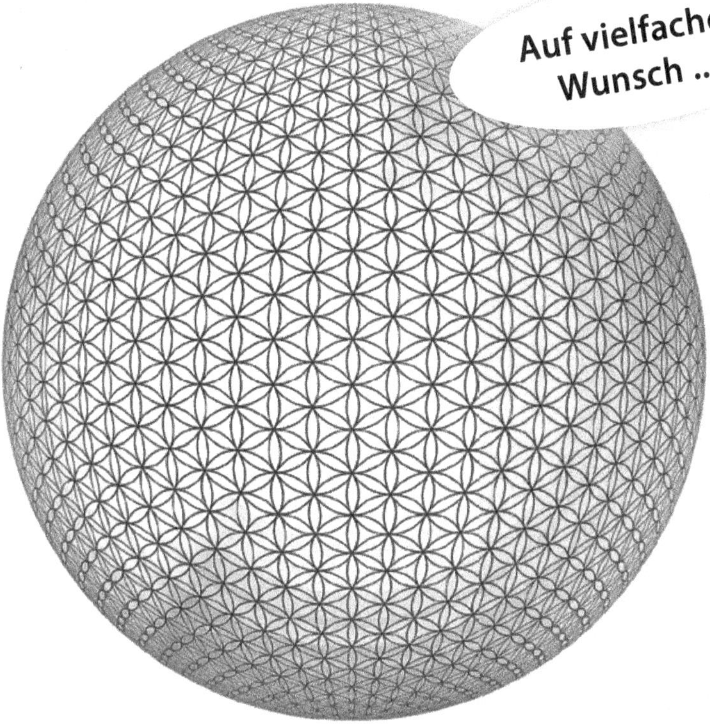

Heilsymbole & Zahlenreihen

Arbeitsbuch der Plejadenheilung

Pavlina Klemm
Lichtbotschaften von den Plejaden 5
Dein Schlüssel zum Goldenen Zeitalter
224 Seiten, gebunden, oranges Leseband
€ [D] 19,99 / € [A] 20,60 • ISBN 978-3-95447-367-0

Das Bewusstsein der Menschheit wächst. Unaufhaltsam
nähert sie sich dem Goldenen Zeitalter an. Eine Elite von
Lichtwesen hilft bei der Realisierung und bei der Rettung
unseres Planeten. Sie hat sich unter uns verteilt, weniger
feinstofflich, so dass sie auch in Konfliktbereiche gehen
können. Sie verbinden sich mit dem Licht und dehnen
es in alle Dimensionen, Räume und Zeiten aus.

Vorwort von Jeanne Ruland.

Eva Marquez
Heilungscode der Plejader
Lemurien, Atlantis und die Befreiung der Seelenenergie
256 Seiten, gebunden, oranges Leseband
€ [D] 22,99 / € [A] 23,70 • ISBN 978-3-95447-382-3

Aus dem Vorwort von Pavlina Klemm: »Unsere kosmischen Begleiter,
die Plejader, haben eine gewaltige Mission auf sich genommen – die
Menschheit durch Wissen zu befreien. Sie teilen dazu mit, wie sie das
Herabkommen auf unseren Planeten erlebt und welche Erfahrungen
sie dabei gesammelt haben. Sie beschreiben die Zeit von Lemurien
und Atlantis aus ihrer schöpferischen Sicht, und ihr erfahrt, welche
Höhen und Tiefen sie auf ihrem Weg erlebt haben.«

Jetzt ist die richtige Zeit, um detaillierte
Informationen zu erhalten.

Patricia Cori
Lichtbotschaften vom Sirius 2
Wachstum: Aufstieg, Entfaltung:
Auf dem Weg in höhere Dimensionen
208 Seiten, gebunden, oranges Leseband
€ [D] 19,99 / € [A] 20,60 • ISBN 978-3-95447-355-7

Der Hohe Rat vom Sirius möchte gemeinsam mit uns das Bewusstsein
im Multiversum erhöhen. Er sagt: »Ihr lebt mitten im Hyperversum einer
schöpferischen Kraft und spielt eine entscheidende Rolle im aktuellen
Prozess. Jetzt, in diesem Augenblick, erscheinen die neuen Zeiten am
Horizont. Manche mögen sie als chaotisch und bedrohlich empfinden.
Andere sehen das Licht strahlender Tage vor sich aufgehen. Worauf
liegt euer Fokus? Geht den Weg, der zu eurem Besten ist.«

Neue Botschaften der Sirianer von ihrem bedeutendsten Medium.